以内涵发展为核心的中职房地产营销与管理专业建设

彭玉蓉 ◎ 主编

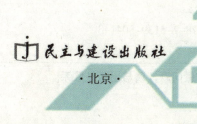

民主与建设出版社

·北京·

图书在版编目（CIP）数据

以内涵发展为核心的中职房地产营销与管理专业建设/
彭玉蓉主编. —北京：民主与建设出版社，2020.6

ISBN 978-7-5139-3041-3

Ⅰ.①以… Ⅱ.①彭… Ⅲ.①中等专业学校－房地产

－营销管理－学科建设－研究－广州 Ⅳ.①F293.35

中国版本图书馆 CIP 数据核字（2020）第077398号

以内涵发展为核心的中职房地产营销与管理专业建设

YI NEIHAN FAZHAN WEI HEXIN DE ZHONGZHI FANGDICHAN YINGXIAO YU GUANLI ZHUANYE JIANSHE

主　　编	彭玉蓉
责任编辑	刘　芳
封面设计	姜　龙
出版发行	民主与建设出版社有限责任公司
电　　话	（010）59417747　59419778
社　　址	北京市海淀区西三环中路 10 号望海楼 E 座 7 层
邮　　编	100142
印　　刷	北京政采印刷服务有限公司
版　　次	2022年6月第1版
印　　次	2022年6月第1次印刷
开　　本	710 毫米×1000 毫米　1/16
印　　张	11.25
字　　数	203千字
书　　号	ISBN 978-7-5139-3041-3
定　　价	50.00 元

注：如有印、装质量问题，请与出版社联系。

广州市土地房产管理职业学校创办于 1963 年，曾经是全国三大房地产专业学校之一，亦是华南地区唯一一所全日制房地产类中职学校。多年来，学校认真落实党和各级政府的职教政策，准确把握中等职业教育定位，遵循职业教育规律，坚持内涵发展，坚持品牌立校，用专注之心和扎实之力办职业教育。

中职学校的办学水平归根结底是由专业建设的质量决定的。房地产营销与管理专业是学校的特色专业，开设于 1980 年，2009 年被评为广东省重点建设专业，2016 年被批准为广州市首批中职示范专业建设项目，2018 年被批准为广东省首批中职"双精准"示范专业建设项目，专业建设成果"以内涵发展为核心的中职房地产营销与管理专业建设"及校企合作成果"互联网 + 背景下'双主体'协同培养房地产中介人才模式的创新与实践"分别于2017 年、2019 年获广东省教育教学成果奖二等奖。

2005 年，学校以房地产营销与管理专业为试点启动全校整体教学改革，在广泛调研和深入研究的基础上，2007 年，学校完成了本专业人才培养方案，总结了一套整体教学改革的技术路线和方法并在全校进行推广运用。2008年，在"工学结合"思想的引领下，专业团队对房地产营销与管理专业人才培养进行了修改完善，并在 2010 年正式进行人才培养方案的试点改革。

本书内容以 2010 年之后房地产营销与管理专业建设的各阶段性成果为主，主要包括专业人才培养方案制订、课程开发、专业教学标准研制、精品课程建设、教学改革研究及师资队伍建设等多个领域。这本书是广州市土地房产管理职业学校几代领导扎扎实实办职业教育的教育理念的结晶，是全体房地产老师团结协作创新发展的见证，也是对各级领导关怀、关爱的回报。作为学校房地产营销与管理专业负责人，我想：本书的出版，是对过去所有努力的总结，也是未来高水平专业群建设、高水平教师教学创新团队建设乃至高水平中职学校建设的一个坚实基础和良好开端。

回首过往，纵使再多辛苦与磨砺，都已成为印记；畅想明天，纵使再多挑战与艰难，依然满怀期待。徜徉在职业教育的春天，我们将以更加饱满的热情投入到职业教育教学教研中去，更加扎实地开展专业建设，提高人才培养质量，为行业、社会输送更多的技能型人才，为区域经济和社会发展做出应有的贡献。

感谢多年来引领和支持我们成长的领导、师长、同行与企业专家，感谢在教书育人岗位上默默奉献、任劳任怨的各位同人，感谢为本书的出版不停操劳的三名书系的编辑和民主与建设出版社。

苦心励志，不负韶华；心怀感恩，未来可期。

目录

第一章　专业教学标准

第二章　课程开发

第三章　教学改革

第四章　教学研究

第五章　教师成长

第六章　教学成果

专业教学标准

中职房地产营销与管理专业
人才需求与专业改革调研报告

执笔：彭玉蓉　许燕丹

一、调研背景

2013年，教育部部署了全国中等职业学校专业教学标准的制定工作，广州市土地房产管理职业学校负责制定房地产营销与管理专业（以下简称房管专业）教学标准。为全面了解中职房管专业的人才需求、培养现状和发展趋势，给专业教学标准的制定提供依据，学校组织了相关的调研工作。

二、调研基本情况

本次调研依托国内开设房管专业的中职学校，历时三个多月，对有代表性的省市用人单位、中等职业学校和本专业毕业生进行了调研。

用人岗位调研以企业走访、问卷调查和召开座谈会为主，同时进行网络招聘信息收集，主要了解企业招收中职学生的岗位、用人标准、人员需求、薪酬待遇、职业培训及对中职生的评价等方面。

中职学校和毕业生调研均以问卷和电话访问形式进行。学校调研主要了解专业办学规模、课程开设、师资配置、实训室建设及毕业生就业情况等内容；

毕业生调研主要了解学生的就业升学、薪酬待遇、接受培训及在工作过程中对所学知识和技能的应用程度、对学校专业教学的认可程度与评价建议等内容。

三、调研结果

（一）房地产行业概况

（1）房地产开发投资逐年增长，住宅开发投资增长持续高位。近年受限购政策的影响，商业地产、旅游地产、工业房地产开发大大增加，同比增速超过了住宅。

（2）房地产行业正朝着市场化、专业化的方向发展，开发企业数量不断扩大，实力不断增强，涌现出了万科、中海、富力、保利、世茂、远洋、绿地、恒大、碧桂园、绿城、万达等大型房地产开发企业，且市场品牌向大型房企集中的趋势非常明显。

（3）房地产服务业发展良好。随着房地产市场可供交易的建筑面积不断增加，房地产咨询业逐渐发展壮大，房地产顾问、销售代理公司蓬勃发展，并逐步带动房地产估价、房地产经纪等以中介企业为主体的市场服务体系的扩展。目前，全国已有房地产经纪机构3万余家，房地产经纪从业人员超过百万人；房地产评估机构5000余家，房地产评估行业从业人员超过25万人；物业管理服务企业7万余家，从业人员600多万人。

（二）房地产从业人员基本情况

（1）房地产从业人员中操作类人员与管理类人员的比例为2∶1至5∶1；从年龄结构看，35岁以下员工约占53%，35岁至50岁约占42%，50岁以上约占5%；从学历结构看，硕士研究生及以上学历的约占5%，本科学历约占24%，大专学历约占37%，中专学历约占33%，其他约占1%。

（2）不同类型房地产企业岗位设置差异大。房地产开发企业以设计、研究、营销策划岗位为主，估价企业以技术、研究岗位为主，经纪和物业服务企业为人力资源密集型企业，存在大量的服务一线操作岗位，对技能要求较高，是职业院校学生的主要就业岗位。

（3）近年行业招聘中，房地产中介类人才需求最多，房地产开发、策划、评估、物业招商、物业管理及维修人员存在较大需求。企业招聘渠道主要有网上或人才市场招聘、学校推荐以及熟人介绍，评估公司和开发公司多集中在熟人推荐和猎头公司。录用中职生的企业多集中在房地产销售代理、经纪和物业服务企业。

（4）房地产服务企业录用员工时最看重的是能力，包括人际交往能力、继续学习能力、实践动手能力、计算机操作能力、外语能力和合同资料管理能力等。对中职生而言，企业更看重中职生的实际操作能力和继续学习能力。企业认为中职生较弱的方面主要是知识面、心理承受能力、沟通能力、专业基础等，具体如图1所示。

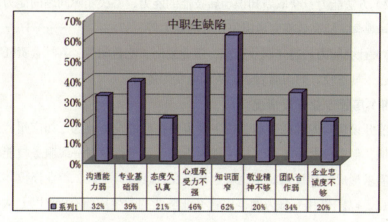

图1　房地产企业认为中职生存在明显缺陷的方面

（三）房管专业的主要就业岗位与职业能力要求

1.房管专业主要就业岗位为房产销售员、房地产经纪人和房地产估价助理

（1）**房产销售员**：协助房产销售经理或销售主管完成楼盘销售目标，做好接待客户、介绍楼盘、签订房屋预售合同、收取售楼款和售后服务等工作，建立客户档案资料，反馈售后信息，维护销售客户网络。

（2）**房地产经纪人**：根据客户要求，负责提供物业信息、介绍物业情况、提出参考意见、陪同实地察看等服务；负责房屋买卖、租赁价格洽谈的协调和沟通，促进双方成交，协助双方签订合同；协助买卖双方办理住房贷款、过户登记等相关手续；协助租赁双方办理房屋设施设备移交、相关费用结算等手续。

（3）**房地产估价助理**：协助估价师进行房屋调查工作，收集市场和房屋信息，熟悉不同片区房地产市场的情况和房屋的市场成交价格，拍摄体现房屋各方面要素的照片并将资料进行整理，出具简单的预评估报告，及时制作、归档估价技术报告。

2. 岗位职业能力

（1）专业能力：房地产市场调查能力、建筑图纸识读能力、房地产经纪服务能力、房地产销售服务能力、房地产估价中房屋实地查勘的能力、房地产测绘技能与房屋面积的计算能力、房地产法规的理解和应用能力、计算机操作能力和专业管理软件的操作能力、档案及资料的管理能力。

（2）方法能力：获取新知识、新技能的能力，解决实际问题的能力，有较强的时间观念，能高效率完成岗位任务的能力等。

（3）社会能力：遵守职业道德，敬业爱岗、吃苦耐劳，有社会责任心和职业责任心，具备较好的沟通表达、协调应变等能力。

（四）房管专业开设情况

目前开设房管专业的中职学校主要集中在经济发达地区，如广州、上海、大连等地，但学校数量不多，招生规模不大，这与行业对一线服务技能型人才的巨大需求形成强烈反差。学生就业情况良好，对口率高，就业岗位体现地域文化特点，以广州和上海为例，房管专业毕业的学生广州有95%以上从事房地产销售工作，上海则是文员、销售、物业管理及其他工作约各占25%。

课程设置方面，不同学校对专业核心课程的定位基本一致，被调研的学校都开设了建筑工程基础、房地产销售、房地产法规、房地产经纪、房地产估价、物业管理、公关礼仪等课程；专业拓展课程方面则充分体现地域和学校特色，并与毕业学生就业岗位密切关联。

专业实训场室建设与学校对该专业的定位和地位密切相关，主要有售楼、经纪、物业管理等实训场所，条件较好的学校配备有行业通用的售楼、中介管理软件。

房管专业师资在各校各区域也不平衡，学生考取资格证书的情况不容乐观，因中职学生不具备参加全国注册房地产经纪人考试的资格，多以考取当地行业协会颁发的类似"从业资格证"的证书为主。

（五）房管专业毕业生调研

调研学校80%的毕业学生选择在房地产行业内就业，20%左右的毕业学生因为家庭背景或个人性格等原因离开房地产行业，选择到高职就读或从事其他工作。

毕业学生认为在工作之初最欠缺的方面（工作经验除外）主要是：心理承受能力（41%）、人际沟通能力（34.6%）、专业知识（21.8%）。这与中职生年龄偏小、社会阅历与经验不够有关，学生需要通过加强社会实践和自我学习来不断提升。

四、对中职房地产营销与管理专业教学标准的建议

1. 专业培养目标定位

通过行业企业人才需求、对应岗位群及相应能力的调研分析，结合国家对中职教育培养目标的宏观定位，确定中职房管专业人才培养应该定位于房地产行业的专业技能型一线操作员工，即面向房地产服务、开发等行业企业，培养与我国社会主义现代化建设要求相适应，德、智、体、美、劳全面发展，身心健康，具有与本专业相适应的文化水平和良好的职业道德，掌握本专业的基本知识、基本技能，具有较强的实际工作能力，了解相关企业的经营和组织状况，从事房地产销售、房地产经纪、房地产估价等工作的高素质劳动者和技能型人才。主要就业岗位为房产销售员、房地产经纪人和房地产估价助理。

2. 专业课程设置

根据企业用人需求和培养目标的定位，遵循找准目标定位，重构课程体系，重组教学内容，改革教学形式，注重能力培养的专业改革思想，与岗位能力相对应，核心专业课程针对岗位核心职业能力。建议本专业开设房地产市场调查、房地产经纪、房地产销售、建筑、法规、测绘、估价等专业课程，构建以终身发展为导向，以能力为本位，以综合职业素养和职业能力培养为主线的课程体系，按实际工作任务和流程重新设计课程结构，紧随行业需求调整优化教学内容，突出知识的应用性和实践性，强化实践教学。

3. 专业教学改革

专业教学中广泛采用任务引领、项目教学、情景模拟、角色扮演、案例分

析、录像演示等符合职业教育特点的教学方法，加强信息技术与课程教学的整合，充分利用现代信息技术开发多媒体课件、网络课程等课程资源，为改变教师的教学方式、学生的学习方式创造条件，为学生成长建立更为宽广的发展平台。

4. 校企合作与学生综合职业素养培养

作为未来房地产行业的一名提供专业服务的工作人员，除具备扎实的专业技能外，工作态度、个人素养、职业道德、团队合作等方面的要求也很高，如何在培养高技能的同时加强诚实守信的职业道德教育、在日常教学过程中培养学生吃苦耐劳的精神和团队合作的意识，是职业学校在坚持教学改革的过程中应融入课堂的关键要素。因此，学生实习必不可少，这种在真实工作环境中对人的磨炼，其作用和效果是任何校内实训无法实现的。学校要推进校企深度合作，与企业建立员工培训、教师实践、学生实习、人才储备、信息交流、毕业生就业的良好合作关系，促使人才培养向工学结合、校企合作转变。

5. 专业师资配置

专业教师实践能力的培养和提高是实现专业培养目标的前提，提高教师实践能力，建设高素质的实践型、技能型教师队伍是培养高素质技能型人才的关键，应该在学校师资队伍发展规划的统领下，通过面向行业招聘、组织在职培训和参加企业实践等方式，加强专业教师的职业化建设和素质建设，引进具有丰富行业工作经验的优秀师资。

6. 专业实训室建设

在工学结合背景下，注重学生动手能力和实际工作能力的培养是提高教育教学重量的重点。针对房管专业培养目标，学校应建设校内实训场室和校外实训基地，校内实训室应具备房地产销售、房地产经纪、物业管理、房地产估价、房地产测绘等功能。

7. 职业资格证书

行业的迅速发展和逐渐规范对从业人员提出了更高要求，相关证书的匮乏已成为本专业培养的一大症结，房管专业的考证情况需要重视并尽快改善。

参考文献：

[1] 裴国忠.江苏省房地产经营与估价专业人才需求与专业改革调研报告
[R].中国职业技术教育，2009（26）.

[2] 张合振，陈宜华，骆昌平.高职房地产经营与估价专业实践教学体系的
构建刍议[J].中国市场，2013（17）.

（本文发表于《现代物业》中旬刊2014年第11期）

中等职业学校房地产营销与管理专业教学标准（试行）

执笔：彭玉蓉

一、专业名称（专业代码）

房地产营销与管理（122000）。

二、入学要求

本专业招收初中毕业生或具有同等学力者。

三、基本学制

3年。

四、培养目标

本专业坚持立德树人，面向房地产服务、房地产开发等行业企业，培养从事房地产销售、房地产经纪、物业助理等工作，德、智、体、美、劳全面发展的高素质劳动者和技能型人才。

五、职业范围（见表1）

表1　职业范围

序号	对应职业（岗位）	职业资格证书举例	专业（技能）方向
1	房产销售员	房地产经纪人协理 房地产营销员 物业管理员（四级） 房产测量员	
2	房地产经纪人		
3	物业助理		

六、人才规格

本专业毕业生应具有以下职业素养、专业知识和技能。

1. 职业素养

（1）具有良好的职业道德，能自觉遵守行业法规、规范和企业规章制度。

（2）遵规守纪、诚实守信、规范服务、守法经营、爱岗敬业、吃苦耐劳、有团队合作精神。

（3）具有健康的心理、坚忍不拔的个人意志和积极主动、自信自强的优良品格。

（4）具有良好的服务意识、责任意识、效率意识、法律意识。

（5）具备较好的口头表达能力、沟通交流能力和分析能力。

2. 专业知识和技能

（1）熟练掌握房屋建筑基础知识，会识读建筑平面图、立面图、剖面图及房屋户型图。

（2）熟练掌握房地产市场调查的方法，会多渠道收集房地产市场信息，会协助进行房地产市场调查和调查资料的整理。

（3）熟练掌握常用销售技巧，能独立完成房产销售工作。

（4）熟练掌握房地产经纪服务的基本知识，掌握常用工作技巧，能独立完成房地产买卖和租赁居间业务。

（5）理解与房地产销售、经纪工作相关的法律法规的规定，并能在实际工作中较好地应用。

（6）掌握从事房地产销售、经纪工作必需的物业管理知识，能协助业主办理收楼业务。

（7）理解房地产估价的原理和方法，能运用市场比较法进行住宅物业的评估。

（8）掌握房地产测绘的知识，会操作常用的测绘仪器。

（9）能熟练使用和操作常用办公软件，会操作中介、售楼或估价等专业软件。

七、主要接续专业

高职：房地产经营与估价。

本科：房地产经营管理。

八、课程结构（见图1）

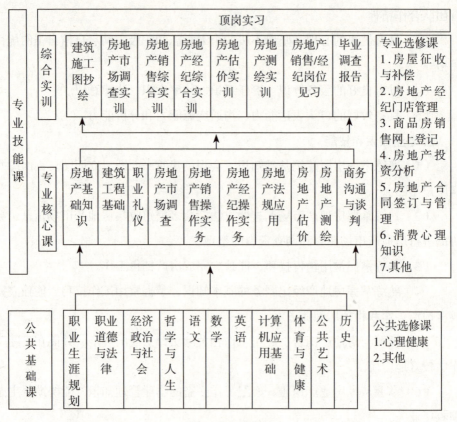

图1 课程结构图

九、课程设置与要求

本专业的课程设置分为公共基础课和专业技能课两类。

公共基础课包括德育课、文化课、体育与健康、公共艺术、历史，以及其他自然科学和人文科学类基础课。

专业技能课包括专业核心课和专业选修课，实习实训是专业技能课教学的重要内容，含校内外实训、顶岗实习等多种形式。

（一）公共基础课（见表2）

表2　公共基础课

序号	课程名称	主要教学内容和要求	参考学时
1	职业生涯规划	依据《中等职业学校职业生涯规划教学大纲》开设，并与专业实际和行业发展密切结合	32
2	职业道德与法律	依据《中等职业学校职业道德与法律教学大纲》开设，并与专业实际和行业发展密切结合	32
3	经济政治与社会	依据《中等职业学校经济政治与社会教学大纲》开设，并与专业实际和行业发展密切结合	32
4	哲学与人生	依据《中等职业学校哲学与人生教学大纲》开设，并与专业实际和行业发展密切结合	32
5	语文	依据《中等职业学校语文教学大纲》开设，并注重在职业模块的教学内容中体现专业特色	191
6	数学	依据《中等职业学校数学教学大纲》开设，并注重在职业模块的教学内容中体现专业特色	191
7	英语	依据《中等职业学校英语教学大纲》开设，并注重在职业模块的教学内容中体现专业特色	140
8	计算机应用基础	依据《中等职业学校计算机应用基础教学大纲》开设，并注重在职业模块的教学内容中体现专业特色	123
9	体育与健康	依据《中等职业学校体育与健康教学大纲》开设，并与专业实际和行业发展密切结合	144
10	公共艺术	依据《中等职业学校公共艺术教学大纲》开设，并与专业实际和行业发展密切结合	36
11	历史	依据《中等职业学校历史教学大纲》开设，并与专业实际和行业发展密切结合	36

（二）专业技能课

1. 专业核心课（见表3）

表3　专业核心课

序号	课程名称	主要教学内容和要求	参考学时
1	房地产基础知识	理解房地产、房地产业的概念与内涵；掌握房地产常用术语，了解房地产产权类别；了解房地产开发用地的取得方式和开发过程；了解房地产开发资金的来源渠道；对全国和当地的房地产市场概况有初步的认识	54
2	建筑工程基础	了解制图基本知识及建筑图纸的基本内容；了解房屋各部分的组成、称谓与功能，能识别房屋结构类型；会正确识读建筑施工平面图、立面图和剖面图，会识读房屋户型图，会抄绘建筑施工平面图	105
3	职业礼仪	了解礼仪在生活和工作中的重要性；能在各种场合以礼仪规范严格要求自己；培养良好的礼仪习惯和个人修养	34
4	物业管理知识	理解物业管理和前期物业管理的内涵与作用；了解业主的权利和义务；熟悉日常物业管理的内容，并对物业管理与房地产销售、经营的关系有一定的认识	68
5	房地产市场调查	了解房地产市场调查的内容；掌握调查方法；会设计简单的调查问卷并实施问卷调查；能够协助组织房地产市场调查活动；会对调查资料进行整理分析；会撰写简单的房地产市场调查报告	68
6	房地产销售操作实务	掌握从事房地产销售工作必需的相关术语和法律规定，掌握房地产销售工作的流程及要点；能完成对客销售中"客人接待—楼盘介绍—户型介绍—带看板房—洽谈、签约—代办权证"全流程；能协助进行房地产销售的前期准备和销控	85
7	房地产经纪操作实务	掌握二手房买卖和租赁居间、代理的业务的工作流程；熟悉房源和客源的开发方法；会进行门店客户接待、客源房源配对、带领看楼、洽谈签约、过户办证等流程和手续；会代办常见的经纪业务	95
8	房地产法规应用	了解相关法律法规的规定；能应用相关的法律法规知识来解析房产销售和经纪工作中遇到的实际问题；依法办事，培养守法和规范服务意识	76

续 表

序号	课程名称	主要教学内容和要求	参考学时
9	房地产估价	理解房地产价格及影响因素；了解成本法和收益法的基本原理和方法；能够按照《房地产估价规范》及相关法规的要求，完成某一房地产项目的价格评估工作，重点掌握用比较法来评估一套住宅的价格	76
10	房地产测绘	熟悉房地产测绘的技术规范；掌握房地产测绘的工作程序；掌握房产图测绘和房地产面积的量算方法；会使用和校验常见的测量仪器设备；会进行房地产面积的测量与计算	68

2. 专业选修课

（1）房屋征收与补偿。

（2）房地产经纪门店管理。

（3）商品房销售网上登记。

（4）房地产投资分析。

（5）房地产合同签订与管理。

（6）消费心理知识。

（7）其他。

3. 综合实训（见表4）

表4　综合实训

序号	课程名称	主要教学内容和要求	参考学时
1	建筑施工图抄绘	学会按建筑制图标准要求抄绘建筑平面图；会识读民用建筑的平、立、剖面图	28
2	房地产市场调查实训	熟悉房地产市场调查的内容与方法；了解当地房地产市场的现状；了解当地房地产开发、投资、价格与消费等相关信息；学会记录信息要点和整理调查资料；学习撰写市场调查报告	56
3	房地产销售综合实训	熟悉商品房销售的流程；熟悉客户接待规范；会流利地介绍沙盘和样板房；会挖掘客户需求的技巧和进行重点户型推荐；会办理签约和房屋按揭贷款等手续，会代办房地产登记	96

序号	课程名称	主要教学内容和要求	参考学时
4	房地产经纪综合实训	熟悉二手房买卖居间的流程与注意事项；会进行房源与客源的开拓；会接待客户并进行房源客源配对；会带看房屋现场；会组织三方洽谈、签约，会办理房屋过户登记手续；会协助买卖双方办理交房手续	96
5	房地产估价实训	熟悉比较法评估全过程；会收集交易实例；会现场看房、收集评估对象的资料和拍照；会进行各种系数的修正；能在老师的指导下完成估价报告的撰写	28
6	房地产测绘实训	熟练使用经纬仪、测距仪；熟悉房地产测绘相关规则；会准确计算房屋的面积	28
7	房地产销售/经纪岗位见习	了解房地产销售代理公司或经纪公司/门店的管理制度和业务流程；了解房地产销售、经纪岗位的主要工作内容和基本要求	224
8	毕业调查报告	会调查研究、收集资料、初步分析和研究问题；能结合工作岗位和实习实际情况撰写房地产调查报告	112

4. 顶岗实习（见表5）

表5　顶岗实习

序号	课程名称	主要教学内容和要求	参考学时
1	顶岗实习	熟悉房地产销售、经纪或评估等岗位的工作内容，遵守公司的管理制度和相关规定，通过积累，学会处理工作中的实际问题，提高岗位常用的工作技巧，提高综合职业能力	390

十、教学时间安排

（一）基本要求

每学年为52周，其中教学时间40周（含复习考试），累计假期12周，周学时一般为28学时，顶岗实习按每周30小时（1小时折1学时）安排，3年总学时数为3000～3300。课程开设顺序和周学时安排，学校可以根据实际情况调整。

实行学分制的学校，一般16～18学时为1个学分，3年制总学分不得少于170

分。军训、社会实践、入学教育、毕业教育等活动以1周为1学分，共5学分。

公共基础课程学时一般占总学时的1/3，允许根据行业人才培养的实际情况在规定的范围内适当调整，但必须保证学生修公共基础课的必修内容和学时。

专业技能课程学时一般占总学时的2/3，在确保学生实习总量的前提下，可根据实际需要集中或分阶段安排实习时间，行业企业认知实习应安排在第一学年。

课程设置中应设选修课，其学时数占总学时的比例应不少于10%。

（二）教学安排建议（见表6）

表6 教学安排

课程分类		课程名称	学分	学时	学期					
					1	2	3	4	5	6
公共基础课		职业生涯规划	2	32	√					
		职业道德与法律	2	32		√				
		经济政治与社会	2	32			√			
		哲学与人生	2	32				√		
		语文	11	191	√	√	√			
		数学	11	191	√	√	√			
		英语	8	140	√	√	√			
		计算机应用基础	7	123	√	√	√			
		体育与健康	8	144	√	√	√	√		
		公共艺术	2	36	√					
		历史	2	36		√				
		小计	57	989						
专业技能课	专业核心课	房地产基础知识	3	54	√					
		建筑工程基础	6	105	√	√				
		职业礼仪	2	34	√					
		物业管理知识	4	68			√			
		房地产市场调查	5	68		√				

续 表

课程分类		课程名称	学分	学时	学期					
					1	2	3	4	5	6
专业技能课	专业核心课	房地产销售操作实务	5	85			√			
		房地产经纪操作实务	5	95				√		
		房地产法规应用	4	76				√		
		房地产估价	4	76				√		
		房地产测绘	4	68			√			
		商务沟通与谈判	3	57				√		
		小计	45	786						
	综合实训	建筑工程图抄绘	2	28		√				
		房地产测绘实训	2	28			√			
		房地产估价实训	2	28				√		
		房地产市场调查实训	4	56			√			
		房地产销售综合实训	6	96					√	
		房地产经纪综合实训	6	96					√	
		房地产销售/经纪岗位见习	14	224					√	
		毕业调查报告	7	112						√
	顶岗实习		24	390						√
	小计		67	1058						
合计			169	2833						

说明：

（1）"√"表示建议相应课程开设的学期。

（2）本表不含军训、社会实践、入学教育、毕业教育及选修课教学安排，学校可根据实际情况灵活设置。

十一、教学实施

1. 教学要求

公共基础课教学应符合教育部有关教育教学的基本要求，以培养学生基本科学文化素养、服务学生专业学习和终身发展的功能来定位，重教学方法、教学组织形式的改革，教学手段、教学模式的创新，突出职业教育公共基础课的工具性、文化性、应用性和基础性的功能特点，尽可能贴近职业需求，调动学生学习积极性，为学生综合素质的提高、职业能力的形成和可持续发展奠定基础。

专业技能课程教学，按照相应职业岗位的能力要求，坚持以学生全面素质为基础，以就业为导向，以能力为本位，以学生为主体的教学理念，强调理论实践一体化，突出"做中学、做中教"的职教特色，建议采用项目教学、现场教学、案例教学、任务教学、角色扮演、情景模拟等多种教学形式和方法，创新课堂教学，追求教学实际效果。

2. 教学管理

教学管理要更新观念，改变传统的教学管理方式，要依据本教学标准的要求制订学校实施性教学计划，配备师资、教材、教学资料和实训资源，建立灵活、开放的教学管理方式。制定校内实训课程管理办法，要贯彻落实教育部、财政部颁发的《中等职业学校学生实习管理办法》。在教学实施过程中要将安全管理放在首位，要配备专门的安全指导教师，加强教学过程性质量监控和考核评价。培训"双师型"教师队伍，促进教师教学能力的提升，保证教学质量。

十二、教学评价

本专业的教学评价应体现评价主体、评价方式、评价过程的多元化，成绩的评定要有利于鼓励学生主动接触行业、接触企业、接触工作实践，有利于培养学生的动手操作能力，调动学生的学习主动性和积极性，巩固专业思想，努力培养学生爱岗敬业的思想。

坚持教师评价、学生互评与自我评价相结合，在可能的条件下，还可以聘请行业人士做评价指导，特别是对顶岗实习阶段的评价，应重视企业评价。

坚持过程性评价与结果性评价相结合，不仅从学生知识点的掌握、技能的熟练程度、完成任务的质量等结果来进行评价，更要关注学生在完成学习任务过程中的情感态度、岗位能力、职业行为等方面，对学生的知识应用能力、解决问题能力进行综合测评。

坚持职（从）业资格考证与学业考核相结合，评价标准应参考行业评价标准，关注学生对知识的理解和技能的掌握，更要关注知识在实践中运用与解决实际问题的能力水平，树立规范意识，强调职业素养和综合能力的培养。

十三、实训实习环境

本专业应配备校内实训实习室和校外实训基地。

1. 校内实训实习室

校内实训实习必须具备房地产销售、房地产经纪、物业管理、房地产测绘等实训室。主要设施设备及数量见表7。

表7　校内实训室基本设备配置表

序号	实训室名称	主要工具和设施设备	
		名称	数量（生均台套）
1	房地产销售实训室	多媒体教学平台、讲台	1套
		楼盘、沙盘模型	2~4个
		户型模型	3~10个
		样板房（含房屋、家具及配饰）	1套
		接待台（配凳）	10~20套
		洽谈台椅（一台四椅）	3~5套
2	房地产经纪实训室	多媒体教学平台、讲台	1套
		楼盘与户型图	3~5幅
		计算机	20台
		计算机桌	20张
		学生用凳	40个（1人/个）
		房地产中介管理软件	1套
		洽谈台椅（一台四椅）	3~5套

续 表

序号	实训室名称	主要工具和设施设备	
		名称	数量（生均台套）
3	物业管理实训室	多媒体教学平台、讲台	1套
		模拟物业管理处	1套
		模拟收楼区	1套
		计算机	20台
		计算机桌	20张
		物业管理软件	1套
4	房地产测绘实训室	多媒体教学平台、讲台	1套
		经纬仪及配套脚架	20套
		水准仪及配套脚架	20套
		塔尺	20把
		布尺	5把
		测距仪	20个
		学生桌、凳	40套（1套/个）

2. 校外实训基地

学校有稳定的校外实习基地，要与主要用人单位建立有长期稳定的产教结合关系，能解决认识参观、操作训练、学生顶岗实习的教学需要，并能提供专业教师到企业实践的岗位。

十四、专业师资

根据教育部颁布的《中等职业学校教师专业标准》和《中等职业学校设置标准》的有关规定，进行教师队伍建设，合理配置教师资源。专业教师学历职称结构合理，至少应配备具有相关专业中级以上专业技术职务的专任教师2人；建立"双师型"专业教师团队，其中"双师型"教师应不低于30%，应有业务水平较高的专业带头人。专任教师应为相应专业或相关专业本科以上学历，并具有中等职业学校教师资格证书、专业资格证书及中级以上专业技术职务所要求的业务能力。有良好的师德，对本专业知识有较为全面的了解，了解房地产营销与管理行业发展动态，有企业工作经验或实践经历，熟悉房地产营销与管理流程，具备教学设计和实施能力。

应从企业聘请有经验的房地产营销人员和房地产管理人员参与教学活动。

［中等职业学校专业教学标准（试行），财经商贸类（第一辑），中华人民共和国教育部编，高等教育出版社，2014年7月］

第二章

课程开发

中职房地产营销与管理专业
任务引领型课程开发

执笔：彭玉蓉　何汉强　许燕丹

一、对任务引领型课程的理解和认识

中职房地产营销与管理专业（以下简称房管专业）的培养目标为：面向房地产服务、房地产开发等行业企业，培养从事房地产销售、房地产经纪、物业助理等工作，德、智、体、美、劳全面发展的高素质劳动者和技能型人才。

房管专业的目标岗位非常明确，工作任务具体，流程性、专业性、规范性都很强，对从业人员综合职业素质的要求很高。这类专业比较容易建立基于核心工作任务的课程，通过课程的学习，培养学生的综合职业能力。基于此，在工学结合思想的指导下，我们从关注学生职业生涯发展的职业教育课程核心价值取向出发，根据社会和行业需求，以职业工作和职业标准为依据，以综合职业能力培养作为课程建设总目标，以学会模拟、学会工作、学会学习、能够发展为课程的具体建设目标，通过对新的课程模式的理解、认识和对比，结合职业工作特点和职业素养要求，创建了任务引领型课程模式作为学校房管专业课程改革的课程模式，配套建设与职业化课程模式相适应的教学资源。

任务引领型课程模式是从职业岗位群核心工作任务出发而构建的一种课程模式，具体特征为：以核心工作任务的操作流程或工作环节为主线整合学习内容，学习内容的类型是由专业知识、业务技能、工作方法技巧、计划组织、过程调控、应变处理、服务意识、团队合作、诚信意识等工作过程知识和职业素养内容的融合体，学生在高度仿真的学习情境中实施学习，以完成一项工作任务的学习、具有初步的工作体验为基本学习目标，以提升职业素养水平、综合业务能力水平和个人基本素质水平为关键学习目标。任务引领型课程的特点如下。

1. 课程构成的系统化

任务引领型课程体系的课程既有学习专业基础知识的知识课程，又有获得专业技能和工作过程知识的理实一体化课程和实训课程，更有获取工作经验的实践类课程，其中，以理实一体化课程和实训课程为主，构建"知识—技能—经验—能力"四位一体的课程系统，学生经历由"模拟—真实"的学习过程，实现由知识到能力的升华。

2. 课程目标的多重化

任务引领型课程的显性目标是学会工作，通过对专业知识、专业技能和工作过程知识的学习和运用，使学生能够完成既定的学习任务，以此为载体，实现两重更为重要的隐性目标，学会学习和能够发展，在学会工作过程中提升自主学习能力和知识应用能力，提高方法能力、迁移能力，形成职业素养，为职业发展奠定坚实基础。

3. 课程内容的综合化

任务引领型课程由核心工作任务经过教学化处理后得到，由这样的核心工作任务为中心来引领知识、技能和情感态度，让学生在完成工作任务的过程中学习相关理论知识，发展学生的综合职业能力，课程内容既有理论、技能、流程、方法技巧等知识性和操作性的内容，同时也包含了服务意识、团队合作、诚信意识、应变处理等职业素养的形成性培养的职业化内容。

4. 教学组织的工作化

任务引领型课程源自真实工作，学生通过学习工作来掌握知识、技能，因此，一定是在工作过程系统中实施教学，教学组织过程融入完整工作过程的大框架，学习过程与工作过程高度统一，按工作过程排列教学内容，安排教学顺序，按工作规范制定教学要求，按工作要求确定教学目标，按劳动组织形式实施教学组织形式，根据职业成长规律和认知规律共同确定教学策略和教学方法，在做中学、学中做。

5. 学习情境的一体化

职业化情境包含职业环境、职业工作内容、职业标准、职业规范等内涵。任务引领型课程体现与工作的对接，既要神似，也要形似。所谓神似，是指学习内容与工作内容的一致。所谓形似，指的是教学环境与工作环境的相似。通过神、形的对接，保证学习目标与岗位目标的一致，也能够更好地促进教学评价与企业评价趋于一致。

6. 学习评价的职业化

任务引领型课程的学习评价是以职业人作为定位基点，对学习者进行职业化的评价而不仅仅是专业化的评价。在评价内容上，在对知识、技能等专业能力进行评价的同时，更注重对职业态度、职业意识、职业行为、职业操守等职业素养进行综合评价；在评价标准上，职业标准与专业标准相结合，以职业标准为主；在评价功能上，以诊断、激励的发展性评价为核心功能。

二、房管专业任务引领型课程开发

从课程体系总体目标出发，在现代职业教育理论的指导下，我们进行了房管专业任务引领型课程体系的构建和课程开发。

1. 行业调研确定目标岗位

通过调研，明确中职房管专业的主要就业岗位为物业顾问、房地产销售代表（占比95%以上）。

2. 进行职业工作分析，寻找核心工作任务

召开企业专家访谈会，进行职业工作任务分析，结果为：二手房销售、一手房销售、房地产市场调查、房地产经纪门店管理、房地产评估、物业管理、房地产测绘、房地产按揭、房地产咨询。其中最核心的工作任务是：二手房销售、一手房销售、房地产市场调查、房地产经纪门店管理。

3. 进行职业资格分析

房地产经纪人职业资格要求从业人员应具备以下知识和能力素质：

（1）知识。房地产从业人员应具备的知识包括基础知识、专业知识和其他辅助知识。基础知识包括经济学知识、市场调查与预测的基本方法、房地产市场及经济环境对房地产活动的影响等；专业知识包括房地产经纪、城市规划和环境、建筑工程、房地产金融与投资、房地产营销、房地产法律法规、物业管理、房地产测量、房地产会计、房地产统计等；辅助知识包括社会、心理、历史、人际关系、传播、广告、演讲等。

（2）能力素质。房地产从业人员应具备的能力包括一般能力、核心能力和其他能力。一般能力指创造、理解和判断能力；核心能力为处理房地产经纪业务的能力；其他能力则涵盖表达、交流、公关、谈判、广告宣传及解决突发事件的应变能力。

4. 初步确定专业课程与核心专业课程

（1）针对知识与能力素质，确定课程。基础课程为房地产基础知识、房地产经济知识和房地产市场调查；专业课程为房地产经纪、城市规划、建筑工程知识、房地产金融与投资、房地产市场营销、房地产法律法规、物业管理、房地产测量、房地产统计及房地产会计；辅助课程为社会学知识、心理学知识、人际沟通、广告、演讲等。

（2）针对核心工作任务确定核心专业课程。核心工作任务对应的为核心专业课程，即房地产经纪、房地产销售、房地产市场调查和房地产经纪门店管理。

5. 确定课程定位

在职业资格和核心工作任务分析中出现了部分课程定位不一致的情况，处

理如下：

（1）房地产市场调查在职业资格分析中是专业基础课程，但在实际工作中应用广泛且操作性强，定位为核心专业课程。

（2）房地产中介工作的规范性强，业务活动要严格依规守法，从业人员法律意识和法规应用能力要求高，因此将房地产法规定位为核心专业课程。

（3）因中职生学习和理解能力所限，房地产金融与投资、城市规划、房地产统计等课程不适合中职层次开设，有关内容进行简化处理后并入房地产基础知识、房地产市场调查等课程中。

（4）将房地产测量、物业管理和房地产会计作为专业拓展课程开设，辅助课程作为选修课程开设，相关课程名称进行了适当调整。

6. 对核心工作任务进行由工作任务向学习任务的转换

通过职业分析和实践专家访谈会获得的核心工作任务属于工作领域，多数是点状和离散的知识、技能、流程等内容，需要寻找内在联系，进行归类整合，并根据综合职业能力的培养目标补充职业素养方面的内容，才能形成教学上的课程，为此，我们进行了下列学习化处理：

（1）结合教学特点整合工作内容。一是分解，如房地产经纪的工作任务相对较多，将经纪软件操作作为一个独立的学习任务从经纪课程中剥离，成为两门专业核心课程。二是有目的地选取，如房地产市场调查的内容非常广泛，调查的方法也很多，但只选择与经纪、销售工作密切相关的内容组合学习任务。

（2）对照培养目标补充学习内容。源自实际工作的工作任务呈现的是显性的工作内容，完成这些工作所需的关键能力要求相对隐性，我们必须将其寻找出来作为教学内容以适当的方式体现到教学任务中。例如，我们在所有典型工作任务中进行了法律意识和服务意识方面内容的强化和补充，在部分任务中有针对性地补充了团队合作意识、责任意识、职业操守等教育内容。

7. 构建房管专业课程结构

经过上述分析和处理，构建房管专业的课程结构如下（见表1）：

表1　房地产营销与管理专业课程结构

基础专业课程	核心专业课程	拓展专业课程	文化基础课程	选修课程
房地产基础知识	房地产市场调查	房地产项目测绘		
房地产经济知识	房地产经纪操作实务	房地产估价操作		
建筑基础知识	房地产法规应用	房地产英语听说训练	按国家要求	略
建筑识图训练	房地产销售操作实务	房地产中介考证训练		
认识实习	房地产经纪门店管理	物业管理知识		

8. 基于具体工作任务开发课程，确定课程目标

（1）分解课程体系总目标，确定每门核心课程的目标。学生的学习目标定位为学会模拟、学会工作、学会学习、能够发展，校内学习主要针对前三个目标。在各门核心课程中，目标设置按照前三个目标展开，既包括专业能力目标，也包括关键能力目标，并将关键能力目标的形成性培养渗透在专业能力的培养过程中。以"房地产经纪实务"课程为例，其目标是：

① 了解房地产经纪工作岗位与能力要求（知识目标）。

② 掌握与房地产经纪工作相关的房地产、建筑、法律法规、客户心理等必备的专业知识（知识目标）。

③ 会办理二手房买卖、房屋租赁及代办房地产登记等业务（学会模拟）。

④ 通过学习和实习能够独立完成二手房买卖、房屋租赁、代办房地产登记等各项业务（学会工作）。

⑤ 能通过网络等方式收集、整理房地产资料（学会学习）。

⑥ 具有良好的服务意识和沟通能力、专业素养和职业道德（关键能力目标）。

（2）进行工作任务分析，确定学习内容。

① 获取岗位的具体工作内容。召开实践专家访谈会，组织实践专家对主要就业岗位的工作内容进行分析，以房地产经纪为例，其业务涵盖三个一级业务，每个一级业务下细分为多个并列的、相互独立的二级业务，如图1所示。

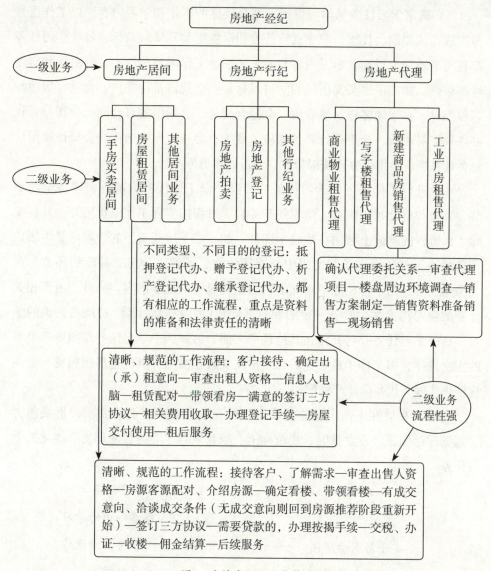

图1 房地产经纪工作构成图

② 根据课程目标选择学习内容。以岗位工作内容为基础，从每门核心课程的课程目标出发，选择最具代表性的业务类型和最有学习价值的业务内容作为学习内容。如图1中，选择了房地产经纪最常见的四个二级业务作为学习内容，分别是二手房买卖居间、房屋租赁居间、新建商品房销售代理及房地产登记。

③ 确定学习任务的学习目标。结合具体的工作和学习内容，以工作流程为主线，从知识、技能、职业素质等方面设置更加具体的目标，每个学习任务都有明确的学习目标，学习内容与未来的职业工作内容相统一，针对性和实用性都很强。如二手房买卖居间的学习目标是：会规范接待客户、会进行房源与客源配对、会带领客户实地看房、会撮合交易、会指引签订合同、会指导或代办各种交易手续、会正确计算各项税（费）、会进行佣金结算、会操作经纪信息管理系统、会指引办理按揭贷款、会进行售后服务。

④ 进行工作任务向学习任务的转换。以工作任务为基础，增加学习环节，补充和整合相关内容。学习任务的教学过程按实际工作流程展开，并在实际工作流程的基础上增加一些教学环节，如"二手房买卖"的学习任务中增加了熟悉业务与环境、学习使用中介管理软件、了解二手房交易流程环节，在"房屋租赁"的学习任务中增加了明确租赁流程的教学内容。另外，由于相关任务的学习需要学生具备一定的专业基础知识，我们增设了 "准备知识的学习"这一学习任务并将其排在其他任务之前，另外四个学习任务按照业务类型的主次排序，将工作中最常见的二手房买卖放在前面，其次是房屋租赁、商品房销售代理和代办房地产登记。

同时，在显性工作内容的基础上，补充职业素养方面的要求，形成包含"基础理论知识、专业技能、规范标准、职业素养"等内容的理实一体化的学习任务。

工作任务	学习任务
	准备知识的学习
二手房买卖居间 ⟶	二手房买卖操作
房屋租赁居间 ⟶	房屋租赁
新建商品房销售代理 ⟶	商品房销售代理
房地产登记 ⟶	代办房地产登记

⑤ 制定课程标准。课程标准从课程性质、设计思路、课程目标、课程内容和要求及教学建议等方面对课程进行了详细说明，在分解学习任务的基础上，明确提出每一个学习任务的工作过程、能力目标、教学内容、教学手段及

建议以及课时分配。通过课程标准的制定，使课程目标与专业培养目标相一致，并将职业道德与职业素养纳入课程标准中，融传授知识、学习技能和培养素质于一体，体现行业主导需求与标准。

⑥ 任务引领型教材和教学资源的开发。任务引领型课程的教材开发以任务目标为引导，以预先设计的任务背景为依托，做到理论学习有载体、工作实训有实体，通过具体任务引导学生学习知识和训练技能。为提高教学质量和学习效果，还需配套建设专业或课程学习网站、教学资源库等信息化的教学资源、课程资源。

⑦ 任务引领型课程的实验、实施与实践。构建好任务引领型课程体系后，在不同年级随机选择一定数量的班级组织教学对比实验，总结实验结果，修订、完善专业课程方案和课程教学方案，并在之后的年级中进行教学实施和实践，并不断进行总结、修改和完善。

参考文献：

［1］中华人民共和国教育部.中等职业学校专业教学标准（试行）财经商贸类（第一辑）［M］.北京：高等教育出版社，2014.

（本文发表于《广东教育 职教》2018年第1期）

"房地产经纪操作实务"精品课程建设工作报告

"房地产经纪操作实务"精品课程建设课题组

执笔：彭玉蓉

2011年，广州市教育局启动了"中职学校市级精品课程建设"项目，结合学校课程建设的实际情况，我校申报了房地产营销与管理专业（以下简称房管专业）核心课程"房地产经纪操作实务"并获批准立项，该课程建设的探索与实践情况如下。

一、学校对精品课程建设的认识和理解

1. 精品课程建设是一种规范化建设

从专业课的角度，中职教育基本上没有国家课程和地方课程，更多的是校本课程，这就带来了一个问题，这些校本课程是如何得到的？归纳起来大致有三种途径：一是拿来，把高等教育或大专、高职教育相同或相近的课程直接拿来使用；二是改良，即拿来之后进行增补删减后使用；三是开发，即从专业培养目标出发，通过一定的方法途径进行开发。由于课程获取的途径不一，同一课程在不同学校同类专业中存在着差异的现象十分普遍，良莠不齐的情况在所难免。

我们认为，这次市教育局在中职学校开展精品课程建设的目的，不是求同，而是规范，希望通过精品课程建设，把我市中职教育课程建设纳入规范化建设的轨道。

我们理解，中职教育课程的功能，是为技能型应用人才培养提供有效载体，这同时也是检验课程是否规范的唯一标准。中职课程规范化建设应当回答下列问题：

（1）专业培养目标定位是否对准技能型应用人才这一人才规格。

（2）专业目标岗位群是否清晰，是否存在着人才需求。

（3）课程模式是否符合技能型应用人才培养规律。

（4）课程体系是否完整涵盖专业培养目标。

（5）课程开发方法途径是否科学。

（6）课程目标是否体现能力本位原则。

（7）课程内容是否具有职业属性。

（8）课程实施模式是否能实现技能型应用人才的有效培养。

（9）人才评价是否针对技能型应用人才智能结构特点。

（10）课程保障条件（校企合作、师资队伍、实践教学体系等）是否充分和有效。

（11）课程资源是否充足和有效。

用改革实践回答好上述问题，也就完成了课程的规范化建设。

2. 精品课程建设是一种适应性建设

精品课程建设的适应性体现在三个方面，一是与中职教育特性相适应。中职教育是以就业为导向、以技能型应用人才培养为目标的教育，中职精品课程建设应通过深化校企合作，建立符合职业成长规律的人才培养模式，采用先进的职业教育课程模式等工作来体现这些特性。二是与对应的职业工作相适应。中职精品课程建设应从职业的高度而不是专业的高度来实施课程建设，以科学的开发方法为指引，以职业工作为出发点开发课程，构建职业化课程体系，设置和整合与职业工作密切相关，以工作过程知识为主的课程内容，建立完整的实践教学体系，实施行动导向教学模式和以职业人为身份定位的评价模式。三是与学校已有的课程建设基础相适应。精品课程建设不是推倒重来，从零开始，而是在已有建设成果的基础上规划建设策略，强化薄弱环节的建设。例如，对已有的课程建设成果进行反思回顾，通过补充强化，按规范化建设要求重新形成新的成果等做法，不失为一种有效的策略。

3. 精品课程建设是一种特色化建设

精品课程建设的特色化建设体现在：在规范化建设的大框架下课程建设各显特色，各有各的精彩。一般来说，课程建设的特色，可以体现在课程的核心价值取向、人才培养模式、课程模式、课程体系、课程开发、课程目标、课程内容、课程实施、课程实践、评价模式、课程效果、课程保障条件、课程资源等课程建设或课程要素中。应根据职业特点、专业特点、课程特点、已有的和可实现的课程保障条件及资源等因素来进行课程的特色建设。例如，我校房管专业课程建设的特色之一，是根据相应职业工作向客户提供专业化服务，注重个人综合素质特别是服务意识的特点，创设了任务引领课程，在文科专业中开发了基于职业具体工作的任务引领核心课程。又如，我校电梯安装与维修专业课程建设的特色之一，是根据该专业校企合作广泛深入、基础牢固、顶岗实习规范运作等课程保障条件，实施了"校企双主体"人才培养效果评价模式。

二、"房地产经纪操作实务"精品课程建设情况

（一）房管专业概况

房地产业在我国国民经济中占有重要地位。广州房地产市场是全国最成熟的房地产市场之一，当前，虽然受严厉的房地产调控政策的影响，但房地产投资额、新开工面积仍以超过30%的速度在增长。房地产市场的持续发展，使各个层次的房地产人才需求旺盛，其中，房地产中介行业为人员密集型行业，广州现有房地产中介企业2500多家，从业人数近5万人。随着中介行业的不断成熟规范，房地产中介服务人员的需求急剧增长。

我校是中南地区唯一一所房地产类学校，1980年开始创办房管专业，目前该专业是学校的特色专业，也是省级重点专业。在行业人才需求量大、专业品牌效应等多种因素作用下，该专业招生情况较好，专业规模一直保持在1000人左右。由于该专业为我校所独有，学生在行业内备受欢迎，实习就业供不应求。2010级开始，行业领军企业合富置业、中原地产、世联行等先后在我校开设了冠名班。

（二）开设"房地产经纪操作实务"课程和把该课程建设成为精品课程的必要性

我校房管专业的人才培养目标定位是：面向房地产中介领域，培养具有与本专业相适应的文化水平和良好的职业道德，掌握本专业的基本知识、基本技能，具有较强的实际工作能力，能胜任房地产中介工作并具有本职业生涯发展基础的应用型人才。毕业生主要到房地产中介公司、销售代理公司、开发公

司、按揭代理公司等单位，从事的工作以房地产经纪为主，具体有二手物业销售、一手商品房销售、房地产估价的物业勘察与初步估价、房地产按揭业务代理等，面向的岗位为物业顾问、房地产销售代表、房地产估价助理、房地产按揭业务员等。

目前，75%的房管专业毕业生走向了物业顾问的工作岗位。因此，房管专业必须开设"房地产经纪操作实务"课程，该课程是整个课程体系最重要的一门专业核心课程，不可缺少，亦不可替代。同时，该课程的内容是广州市房地产中介从业资格考证的主体内容，学好这门课程，对提高学生的考证通过率有很大影响。

正是由于该课程在整个专业教学中具有如此重要的作用和地位，同时根据学校"在品牌与特色专业群中，选择具有引领性、代表性的核心课程进行精品课程建设，以推动整个专业乃至学校整体的课程建设"的精品课程建设选择原则，我们把该课程作为市级精品课程建设项目进行申报，希望通过精品课程建设，进一步整合课程内容，完善课程资源，强化专业师资，优化教学实施环节，成为标杆式的校内示范课程。

（三）房管专业课程模式的选择

我校房管专业课程模式大体可分为三个阶段。

1. 学科型课程模式

房管专业是我校的特色专业，是一个典型的文科专业。2002年以前采用的是传统的、以知识学习为主要目标的"三段式"课程结构下的学科型课程体系，仅开设有认识实习、市场调查和毕业实习等实习实训，实行"2.5+0.5"的教学安排。学科型课程以知识传授为主要教学目标，教学内涵相对滞后，同时，由于缺乏配套实训场地，学生很少有动手的机会，还谈不上技能或能力训练。学生主要在房地产中介行业就业，当时偏重于评估和一手房销售，企业偏向于选用专业知识相对较好、在校表现较好的学生。

2. 能力型课程模式

2002年，学校承担了住建部中职建筑与房地产经济管理专业指导委员会安排的《房地产经营与管理专业教学标准》的制定工作，2005年，以广州的情况为基础编制了房管专业教学标准，提出了对准岗位找能力，对准能力设课程的课程设计和开发模式，构建了能力型课程，同时提出关注学生非智力因素的培养，并将学生专业技能的掌握情况作为教学效果评价的重要指标，并同步规划和建设以商品房销售岗位为主要培养目标的校内实训基地。2005年11月，学校以房管专业为试点进行专业整体教学改革，并与订单式人才培养的课题相结合，再次进行了行业调研，此时，学生的就业依然集中在房地产中介行业，但岗位正悄然变化，物业顾问（二手房销售）超过销售代表（一手房销售）的需求，成为主要就业岗位，同时房地产评估行业的就业日趋萎缩。2007年方案已经具有了"重视学生专业技能和综合素质培养"的思想，随着部分实训室的建设，多采用先理论后实践的教学方式，教学目标体现为知识目标和能力目标并重，这样的结果是学生的专业技能得到一定的发展，但还是难以形成全面的综合职业能力。

3. 任务引领型课程模式

为解决上述问题，2008年，在工学结合思想的指导下，学校从关注学生职业生涯发展的职业教育课程核心价值取向出发，根据社会和行业需求，以职业工作和职业标准为依据，以综合职业能力培养作为课程建设总目标，以学会模拟、学会工作、学会学习、能够发展为课程的具体建设目标，通过对新的课程模式的理解、认识和对比，结合职业工作特点和职业素养要求，创建了任务引领型课程模式作为房管专业课程改革的课程模式，配套建设与职业化课程模式相适应的教学资源。

任务引领型课程模式是从职业岗位群核心工作任务出发而构建的一种课程模式，具体特征为：以核心工作任务的操作流程或工作环节为主线整合学习内容，学习内容的类型是由专业知识、业务技能、工作方法技巧、计划组织、过程调控、应变处理、服务意识、团队合作、诚信意识等工作过程知识和职业素养内容的融合体，学生在高度仿真的学习情境中实施学习，以完成一项工作任务的学习、具有初步的工作体验为基本学习目标，以提升职业素养水平、综合业务能力水平和个人基本素质水平为关键学习目标。

（四）房管专业任务引领型课程体系的构建

确定课程模式后，我们着手进行课程体系的构建，以岗位需求和职业标准为依据，从学会模拟、学会工作、学会学习、能够发展专业课程建设目标出发，由行业实践专家、企业培训专员、学校教研团队及专业教师组成的课程开发小组通过组织实践专家访谈会等活动，对岗位核心工作任务和职业资格进行分析，得到由基础专业课程、核心专业课程、拓展专业课程三个层次的内容构成的房管专业课程结构（具体过程见《中职房地产营销与管理专业任务引领型课程开发》）。

在搭建了专业课程结构的基础上，我们构建了由文化素质课程、专业课程和选修课程三个部分构成的房管专业课程体系。文化素质课程按国家要求开设中职教育必须开设的语文、数学、英语等科目，并结合学生未来职业工作的特点，加强公文写作、口头表达和基本的英语听说能力的训练，此外开设了具有校本特色的素质课程，如公共素质、职业礼仪等。专业课程涵盖基础专业课程、核心专业课程和拓展专业课程三类，基础专业课程着重于同专业知识、技能直接联系的基础知识和基本技能，结合培养目标选择教学内容；核心专业课程的内容以源自职业核心工作任务并经过学习化处理的工作过程知识为主，经选择、整合而成，以理实一体化的教学方式为主，实现学会模拟、学会工作、学会学习的教学目标；拓展专业课程，培养学生更多面化的职业能力，拓展学生的知识面、技能面和就业面，体现能够发展的培养目标，课程形式不拘（见表1）。

表1 房地产营销与管理专业课程体系

文化素质课程	德育、体育与健康、语文、数学、英语、计算机应用、人文素养、职业礼仪		
专业课程	基础专业课程	核心专业课程	拓展专业课程
	房地产基础知识	房地产市场调查	房地产项目测绘
	房地产经济知识	房地产经纪操作实务	房地产估价操作实务
	建筑基础知识	房地产法规应用	房地产英语听说训练
	建筑识图训练	房地产营销操作实务	房地产中介考证训练
	认识实习	房地产经纪门店管理	物业管理知识
		房地产中介管理软件操作	
选修课程	管理学基础、建筑材料、演讲与口才、家居装修知识、消费心理知识、房地产会计、房地产经纪连锁店管理……		

（五）房管专业核心课程的开发

房管专业核心课程开发的路径是行业调研确定岗位、岗位职业资格分析、岗位核心工作任务分析、初步确定课程设置、确定课程定位、核心工作任务由工作任务向学习任务转换并确定核心课程教学内容与目标、配套教材的教学资源的开发、组织教学实验实施与实践。通过前五步，确定了核心专业课程（课程名称）；通过后四步，确定课程的具体内容，进行教材和教学资源的配套建设，并进行教学检验。下面以"房地产经纪操作实务"课程为例介绍如何确定核心课程的教学内容。（具体流程见《中职房地产营销与管理专业任务引领型课程开发》）

（1）分解课程体系总目标，确定每门核心课程的目标。

（2）进行工作任务分析，确定学习内容。

① 获取岗位的具体工作内容。

② 根据课程目标选择学习内容。

③ 确定学习任务的学习目标。

④ 进行工作任务向学习任务的转换。

（3）制定课程标准。

（4）开发任务引领型教材和教学资源。

（5）任务引领型课程实验、实施与实践。

（六）《房地产经纪操作实务》的课程保障

1. 校企合作

除课程建设外，房地产营销与管理专业建设的另一主线是紧密型的校企合作。该专业一直与行业保持着密切的合作关系，并且一直处于合作的主动地位，建立了非常坚实的校企合作基础，积聚了丰富的校企合作资源。该专业是我校最早实施订单培养的专业，目前与中原地产、合富置业、世联行等知名企业联合实施冠名培养，与中地行、景博行、满堂红、裕丰地产、中联地产、华昆评估等三十多家企业建立了人才储备、教师实践、专家聘请、学生实习等合作关系，学生常年处于供不应求的状态。

房管专业校企合作内容涉及专业建设、课程建设、校内实训基地建设、教学实施、教学评价、顶岗实习、人才评价等多个方面，包括"房地产经纪操作实务"在内的多门核心专业课程的开发和实施，均有企业人员的深度参与。

2. 专业教师团队

目前，房管专业现有专业教师32人，具体情况见表2。

表2 房管专业师资情况表

类别	总数	职称分布			学历层次分布			"双师型"专业教师	
		初级	中级	高级	大专	本科	研究生或以上	总数	所占比例
在职专任教师	26	9	12	5	0	20	6	22	84.6%
兼职教师	6	0	3	3	2	2	2	6	100%
合计	32	9	15	8	2	22	8	28	87.5%

长期以来，学校高度重视师资队伍建设，建立了师资队伍建设长效机制，制定了骨干教师培养、教师参加企业实践等相关制度。在学校师资队伍建设规划统领下，房管专业制定并实践了教师培养计划，课程负责人彭玉蓉老师参加了国家级骨干教师培训，常利用假期到企业实践，是广州市骨干教师；课题组主要成员刘鹏、詹锋等教师均具有房地产行业外资企业或行政机构的工作背景；为配合精品课程建设，2013年学校还安排了青年教师罗维到合富置业培训部进行了为期半年的企业实践，对企业培训课程开发、课程培训等进行了深度体会，并将这样的思想带回到学校的专业建设中。

"房地产经纪操作实务"课程建设和教学实施的专业教师共11人，其中"双师型"教师8人，他们全部为本科以上学历，具有丰富的教学经验、实习管理经验和一定的行业实践经验，具备较好的理解、学习能力和较好的悟性，这为课程建设打下了良好的基础，通过教学实践的锻炼，他们的综合职业能力也得到了较大提高。

3. 校内实训基地

房管专业的校内实训基地建设与专业建设、课程建设同步，经过十多年的建设、改造和不断完善，目前，该专业的实训中心建设面积达2000平方米，设有房地产经纪实训室、模拟房地产销售中心、ERP实训室、形体训练室等9个专业一体化教室，配备了房友、思源等六种专业教学软件，设备总值400多万元。

房管专业实训中心体现职业素养与专业技能并重的建设内涵，具有综合化、学习化、情境化的建设特色和"理实一体化"的教学功能，完全满足任务引领型课程教学实施的需要。无论是建设规模还是建设内涵，该实训中心均处于国内同类专业实训中心的领先水平。

在房管专业实训中心中，房地产经纪（二手房交易）实训室是"房地产经纪操作实务"课程的主要教室场所，面积500多平方米，由模拟房地产中介门店和房地产交易中心两个教学区域构成，配备了行业通用的房友中介管理软件和房屋交易管理软件系统，可以较好地完全满足课程教学的需要。

4.课程资源

"房地产经纪操作实务"课程具有丰富的教学资源：

（1）图书馆内房地产专业书籍丰富。学校图书馆有大量的房地产类专业书籍，配有现代化电子阅览室，专业书籍的年更新率高，学生和教师的学习和使用非常方便。

（2）为帮助教师更加便捷地了解行业前沿及发展动态，教学部已连续四年订阅了《房地产导刊》等行业资讯杂志供全体专业教师分享。

（3）房管专业为服务类专业，学生的综合素质非常关键，教学部根据教学需要购置了《商务礼仪》《人际沟通》等众多素质类教学用音像视频资料，并且每年都有适度的购置或更新。

（4）现在大型中介公司都是连锁经营，各门店的业务流程和规范要保持一致，因此，中介企业的员工培训非常重要，各企业都有自己的业务秘籍，而这些技能技巧方面的资料涉及企业商业秘密，外面一般购买不到。学校为配合该课程的教学，近年来，专门组织专业教师和学生一起共同开发了房地产经纪课程的学习网站，拍摄了二手房销售、房屋租赁等教学视频，通过网络等收集了具有典型代表性的视频材料，供学生学习和参考。

（5）学校积极适应行业考证变化的要求，组织专业教师和计算机教师合作开发了房地产中介考证培训软件。

（6）在教材编写方面，从2009年至今，课程负责人彭玉蓉老师带领一批专业教师先后主编并出版了房地产经纪相关教材，分别是中职教材《房地产经纪综合实践》《房地产经纪操作实务》和高职教材《房地产经纪实务》。

（7）课程资源包建设。学校从2009年开始通过财政专项、信息化专项等方式申请了财政的支持，配套建设了房管专业学习网站，同时，结合精品课程的建设，完善了"房地产经纪操作实务"课程资源包。

（七）《房地产经纪操作实务》的课程实施

1. 课程实验

"房地产经纪操作实务"课程在完成任务引领型课程的开发后，为检验课程对综合职业能力培养的效果、探索适合的课程实施方式，我们进行了"同课异构"的教学实验。根据任务的特点，选择二手房交易和代办房地产登记两个有代表性的任务进行实验，得到的结论为：对于二手房交易这类操作性较强的教学任务，适合以完整的工作任务为主线来设计教学环节，将工作任务转化为学习任务，强化各环节的学生训练，明确学生不是做事情，而是在学做事情；同时，教学任务的安排要符合学生的认知规律，并充分结合工作任务的特点，即任务的流程性和规范性，教学过程中要强化学生的流程意识和规范意识。另外，从教学方法来看，情景模拟、角色扮演、案例教学等是比较适合该类教学内容的教学方法，案例的选取比较讲究，要将知识点融入案例中，理实一体，加强知识与技能的有效融合。而对于代办房地产登记这类规范性、流程性较强的教学任务，适合以实际案例为载体，按实际工作流程和标准进行学习。

按照上述思路，取二手房交易三份教学设计之长，合并修正，构建了一个最佳的二手房交易教学方案，该方案具有以下特点：

（1）学习任务源于工作任务，工作过程完整，并进行了适当的整合。

（2）教学任务更加详细、清晰，教学目标更加写实并突出能力目标，教学方法、教学准备、教学资源等项目更加具体和明确，学时分配更加合理。

（3）学习任务按先分后总的思路设计，各子任务均突出学生"点状技能点"的训练，最后安排全过程模拟，对子任务做了一个很好的串联，连点成线，职业能力由此逐渐形成。

（4）对教学子任务的课型进行了分析和定位。

2. 课程实施

课程教学实施的要点是通过对源自典型工作任务的课程学习，运用学生主体的学习方式，使学生获取工作过程知识，体验和实践完整的工作过程，获得和提升综合职业能力。房管专业任务引领型课程的实施较好地体现了这些要点，而且，在实施过程我们高度关注学生职业素养的形成性培养。

"房地产经纪操作实务"有5个学习任务，根据任务的特点划分为两个类型：一类为二手房交易、房屋租赁和商品房销售代理三个任务，这三个学习任务的特点是学习内容比较开放，即使是在正常的职业工作中，由于面对的客户不同、房源不同，以及经纪人员素质、能力、处事方式等多种不同而导致很多种不确定性的结果，整个过程充满变数，而且，这样的学习任务通常比较庞大，一个大的学习任务可以分解为若干个子任务来进行教学，如二手房交易可分为开拓房源、客户委托与客房配对、带客看房、洽谈签约、协助登记与交楼及全过程模拟等子任务；一类为准备知识的学习和代办房地产登记，这两个学习任务一个是知识性内容的学习，一个是流程性较强、因人而异现象不明显的封闭性的学习任务。

（1）课堂教学结构。通过教学实施，我们对不同学习任务进行了课型的分析。具体如下：

① 仿真实操型。仿真实操型以实际案例为载体，采用真实的操作工具，按实际工作流程和标准进行学习，适用于完成一项操作或完成一件封闭性工作等类型的学习任务，代办房地产登记、二手房交易开拓房源、二手房交易过户、二手房交易协助交楼等就属此类，其课堂教学结构见表3。

表3 仿真实操型的课堂教学结构

教学环节	教学内容	教学组织形式	教学方法	教学侧重点
操作准备	选取真实案例，准备相关资料；学习必要的专业知识、流程、技巧、规范等	集中讲授、分组讨论	多媒体直观教学	专业知识的理解；工作流程的了解；常用方法和技巧的掌握
实操训练	按实际工作流程、规范进行实操训练	分组或独立完成	学生模拟、教师点评	仿真情境的创设；知识应用；方法与技巧运用；规范意识的培养

续 表

教学环节	教学内容	教学组织形式	教学方法	教学侧重点
阶段性反思	实操中出现的问题	集中讲解或个别点评	引导式、启发式、探究式	实操中出现的问题
实操检验	对实操效果或结果进行检验	分组或独立完成	自检、学生互检、教师评定	认真细致的工作作风、质量意识、责任意识的培养
学习评价	对学生的学习行为进行过程性评价	分组或独立完成	自评、互评、师评	发展性评价、指导、激励

② 情境体验型。情境体验型以学会待人接物为目标，以实际工作内容为载体，创设相应情境进行情境化教学。适用于向他人提供服务、与人打交道的学习任务，二手房交易客户接待、二手房交易带客看房属于此类。其课堂教学结构见表4。

表4 情境体验型的课堂教学结构

教学环节	教学内容	教学组织形式	教学方法	教学侧重点
理解任务	任务的要求、要点、目标	集中讲授	案例教学、多媒体直观教学	对任务的整体理解
任务准备	必要的工作过程知识、方法技巧的学习	集中讲授	案例教学、示范教学	知识、方法、技巧的掌握
创设情境	创设仿真情境，进行"对客"训练	分组	角色扮演	礼仪、表达、行为适度性与适应性
过程指导	进行方法、技巧等方面的指导	集中讲授或个别指导	引导式、示范式	知识、方法、技巧的正确运用
评价	对学习者的过程和表现进行评价	分组或独立	自评、互评、师评	待人接物能力、服务意识、社会适应能力等综合素质的形成性培养

③ 知识应用型。知识应用型以专业知识为基础，运用有效的方法和途径，解决实际问题，适用于完成一项开放性工作的学习任务。二手房交易洽谈计价签约就属此类。其课堂教学结构见表5。

表5　知识应用型的课堂教学结构

教学环节	教学内容	教学组织形式	教学方法	教学侧重点
知识学习	相关专业知识的学习	集中讲授	多媒体直观教学	专业知识的掌握
建立应用载体	选取实际工作案例，整理形成学习任务	集中讲解	案例教学	对任务的理解
知识学习	针对应用载体，进行工作过程知识的学习，包括操作流程、技巧、规范等	集中讲授	多媒体直观教学	工作过程的理解、规范的认知
制订工作方案	根据对任务的理解，由学生制订工作方案	分组讨论	教师指导	工作方法、途径的选择；工作目标的设置
知识应用训练	以"真题假做"的方式，对指定的任务进行知识应用的训练	分组或独立	学生操作，教师指导，必要时进行讲解、点评	知识的综合应用、职业意识的培养
结果检验	结果可能具有开放性，重点检验结果的合理性	分组或独立	自检、互检	应用能力的形成性培养
学习评价	对学生的学习行为进行过程性评价	分组或独立	自评、互评、师评	发展性评价诊断、指导、激励

④ 综合训练型。综合训练型是在前期分解学习的基础上将相对零散的知识、能力进行全流程、全过程的完整训练，是知识能力由点到线的提升，适用于内容综合，工作过程完整的学习任务，如二手房交易模拟等较大型的工作任务。其课堂教学结构见表6。

表6　综合训练型的课堂教学结构

教学环节	教学内容	教学组织形式	教学方法	教学侧重点
理解工作	布置工作任务，整体性讲解工作内容、要求和目标	集中讲授	现场教学	明确目标要求
制订计划	从工作目标出发，结合场地条件等客观情况，设计操作流程，选择工作方法，制订工作方案	分组	指导、归纳	局部与整体的关系，由点到线的联结方法

教学环节	教学内容	教学组织形式	教学方法	教学侧重点
工作实施	按设定的工作流程，实践工作方案	按真实的劳动组织形式，分工合作	任务驱动组织、指导、交流、控制	工作过程知识的应用；方法的运用；团队意识的形成性培养；行为规范性
结果检验	以职业标准对工作结果进行检验	分组或独立	自检、互检，教师检查	质量意识、责任意识的培养
总结点评	对学生的职业态度、行为、综合职业能力水平进行评价	分组或独立	自评、互评、师评	提升职业认同感

（2）学生评价。"房地产经纪操作实务"课程校内实施阶段对学生的学习评价具体内容如下：

① 教师为主体的指导性评价。教师为主体的指导性评价主要是对学生的职业工作的学习能力的评价。本课程不同的学习内容有不同的评价方式，如准备知识的学习采用过程性评价与终结性评价相结合的方式，二手房交易、房屋租赁和模拟商品房销售等实操性的内容则以过程性评价为主（每个环节具体的评价表见课程资源包的"教学评价"）。以二手房交易为例，该任务的评价主要由四个业务环节的考核为主，不同角色、不同任务背景有不同的要求。以第一个环节——接受放盘委托的教师评价为例（见表7）：

表7 教师评价表

组号	任务	角色	项目	要求	标准分	得分
	接受放盘委托	业主	着装	整洁得体	5	
			举止	举止大方，符合业主的身份	3	
			沟通技巧	语言流利，吐词清晰，语速适中	3	
				讲述房源清楚	3	
				要价合理，讲究策略	5	
		经纪人	着装	职业装，整洁得体	5	
			礼貌礼仪	握手礼仪正确	2	

续 表

组号	任务	角色	项目	要求	标准分	得分
	接受放盘委托	经纪人	礼貌礼仪	奉茶礼仪正确	2	
				名片礼仪正确	2	
				送客礼仪正确	2	
				接待热情有礼，服务周到	2	
				言语得体，举止大方	2	
			沟通技巧	表达流利，语速适中	3	
				能通过沟通，获取客户及房源信息	3	
				积极主动与客户沟通，善于观察，能够准确分析客户心理，并予以引导	3	
			业务能力	业务流程正确规范	15	
				指导客户合理报价	5	
				能引导业主做独家代理	5	
				熟悉放盘委托相关合同文件的签订	5	
		脚本撰写		合乎情境，内容充实，文字规范	10	
		时间控制		8~10分钟	5	
		小组总体表现		过程顺畅，合作协调有序	10	
小计					100	

从表7中我们可以看出，教师的指导性评价的重点是经纪人这个角色的业务能力，这与我们课程的学习目标是完全一致的。

② 学生为主体的小组互评。以学生为主体的互评表与教师评价表是一样的，主要是从学生理解的角度来对同学的表现进行评价，有相互学习、取长补短的功效。

3. 课程实践

我校顶岗实习管理具有精心组织、严格管理、规范推进的特点。一直以来，房管专业学生的顶岗实习都处于供不应求的状态，学生顶岗实习具有以下特点：

（1）实习对口率100%。在学校的严格要求下，所有房管专业的学生第一学期都能到房地产企业的对口岗位进行顶岗实习。

（2）实习指导好。除学校常规安排的指导教师外，每个学生实习期间均有企业的师傅或主管一对一的带教帮扶。

（3）先培训，再上岗。学生在正式进入实习岗位前均接受企业相关培训。

（4）学生岗位的变动须经过学校严格的审批手续，且严格控制在本专业范围内。

以扎实和规范的顶岗实习工作为平台，"房地产经纪操作实务"课程进行了真实职业环境下的课程实践。本课程的学习直接对应的岗位就是房地产经纪人（物业顾问），学生到达实习企业后全部从最底层的见习物业顾问做起，当业绩累积到一定程度（各公司要求不一）后转为物业顾问，之后职位的晋升直接与学生的业绩挂钩。通过这样的实践，学生经历"由模拟到真实"的学习过程，获得真实的工作经验，巩固和拓展了对课程内容的理解，并通过工作经验的积累，不断丰富工作过程知识和工作技巧，职业能力和职业素养不断提高。同时，通过课程实践的反馈，"房地产经纪操作实务"课程在内容、教学方式、教学环境等方面得到与时俱进的优化调整。

（八）"房地产经纪操作实务"的课程效果

（1）房地产中介从业人员资格考试的通过率一直保持在高位水平。在与"房地产经纪操作实务"课程直接对应的、由广州市房地产中介协会组织的、广州市房地产经纪人上岗必备的中介从业资格证书的考试中，学生考证通过率一直保持在90%以上。

（2）企业对实习生的评价良好。学校以顶岗实习为依托，实施"校企双主体"的人才培养效果检验评价模式，校企双方在不同的学习阶段中和学习背景下，分别进行学生综合能力水平的检验评价。以企业为主体的评价主要有三种形式：

① 企业对实习生的质性评价。

② 实习生参与企业内部常规的考核评价。

③ 带教师傅的量化评价。

表8为房管专业顶岗实习企业内部的考核评价：

表8　企业内部评价表

评价要素	评述内容	主管评述意见
道德素质	品德正直，诚信可靠，严于律己，乐于助人	□优　□良　□中　□差
心理素质	工作中保持良好的工作心态，抗压能力强	□优　□良　□中　□差
工作态度	工作积极主动，认真负责，能不断完善自身工作，并能有始有终，勇于承担新挑战	□优　□良　□中　□差
专业知识及技能	具有丰富的专业知识与技能，并能在实际工作中灵活有效地运用，促进交易的完成	□优　□良　□中　□差
团队意识	归属感和向心力极强，具有强烈的渲染力和团队合作精神	□优　□良　□中　□差
管理意识	能贯彻公司业务方针，带领团队有效开展工作，督促团队成员的日常工作，保证团队的绩效实现	□优　□良　□中　□差

（适用高级经理或以上职位主管对辖下营业员晋、调升为主管或主管晋升）

请根据被评核人实际情况在右栏对应等级前□打"√"。

员工表现良好及优势方面（晋/调升原因）：＿＿＿＿＿＿＿＿＿

员工需改进及有待提升方面：＿＿＿＿＿＿＿＿＿＿＿＿＿＿

综合评价（培养方向）：＿＿＿＿＿＿＿＿＿＿＿＿＿＿＿

综合各方面评价的结果，总体上，企业对实习生的评价达到"良好"水平，其中对实习生"道德素质、工作态度、专业知识与技能"等方面的评价相对较高。

我们认为，实习生主要进行物业顾问的工作，企业对实习生综合职业能力的评价，其实也就是在一定程度上对相关课程效果的评价。

（九）"房地产经纪操作实务"的课程评价

我们以实习生、专业教师和企业为评价主体，以问卷调查、座谈会等形式对"房地产经纪操作实务"课程在目标、内容、教学组织、学习方式、应用效果、与职业工作结合度、职业成长规律的体现度、对学生职业成长的帮助度等方面进行评价。

1. 以实习生为主体的课程评价

评价内容主要有：该课程的学习目标定位为对学生现有基础的适应程度、该课程的学习方式对学生学习能力的适应程度、该课程内容在实际工作的应用程度、该课程教学内容与实际工作过程的吻合程度、对学生职业成长所起的作用程度等。

2. 以教师为主体的课程评价

评价内容主要有：课程目标和学习目标定位的准确度、学习任务设置的合理度、学习内容整合与排列的合理度、学习量的适合度、教学实施方式的可操作度、对学生综合职业能力形成的帮助度等。

3. 以企业为主体的课程评价

召开实践专家调研现场会，在介绍课程、观摩教学的基础上，进行评价。评价内容包括：课程目标与课程内容的吻合度、课程内容与职业工作的结合度、工作过程知识的完整度、职业成长规律的体现度、对学生职业成长的帮助程度等。

通过实习企业和毕业生的信息反馈，我们认为"房地产经纪操作实务"课程达到了预设的教学目标，取得了较好的教学效果。

（十）"房地产经纪操作实务"的课程特色

综上所述，并结合课程教学实践的总结反思，我们认为，"房地产经纪操作实务"课程具有如下特色：

（1）体现教育本质，针对学生综合职业能力和职业生涯发展潜力培养、注重职业素养培养的课程价值取向。

（2）符合应用型人才培养规律的先进课程模式。

（3）体现行业特点的课程开发方法。

（4）体现职业成长规律的递进式的学会模拟、学会工作、学会学习、能够发展的综合型课程目标。

（5）体现源自职业核心工作任务并进行学习化处理和整合的课程内容。

（6）符合基于不同学习任务的仿真实操型、情境体验型、知识应用型和综合训练型的课型结构。

（7）体现以模拟企业真实场景而建设的高度仿真化、情境化、学习化的校内一体化教学环境为支撑的、学习过程与工作过程相对接的、关注学生职业素养形成性培养的"做学一体"教学实施模式。

（8）体现教学组织优化原则，符合学习任务的类型、符合认知规律的"先模拟后工作"的教学实施组织形式。

（9）符合以规范的顶岗实习为依托，实习岗位工作内容与课程内容高度吻合的课程实践。

（10）体现"校企双主体"评价模式条件下，用人单位对学生综合职业能力水平即课程目标实现度的客观评价。

附：

房地产经纪操作实务市级精品课程证书

"房地产经纪操作实务"同课异构教学实验研究报告

"房地产经纪操作实务"精品课程建设课题组

执笔：彭玉蓉

同课异构理论最初起源于皮亚杰20世纪70年代提出的建构主义理论，"同"是指相同的教学内容和教学目标；"异"是指为达成教学目标，不同的教师对同一教学内容的不同处理，不同的教师运用不同的教学策略所产生的不同教学效果。同课异构的实质就是不同教师面对同一教学内容，立足于各自教学经验，遵循教学的科学规律，广泛占有各种资源，进行各种教学构想，并将构想予以优化后付诸实践，从而发现问题、解决问题，最终优化课堂教学，使自己对课堂教学的认识、对教学规律的把握经历一个不断的、螺旋式上升的"认识—实践—再认识—再实践"的教学认知建构过程。

同课异构教学模式是"教学有法但无定法"理论的实践和体现，反映的是课堂中的具体教学手法的多样性和复杂性问题，目前在中小学校开展得比较成熟。同课异构的目标是通过课堂教学实践研究，寻求最优的教学设计，寻求适合教师自己、适合学生的优质高效的教学方法，寻求合理的教学过程和最佳教学效果，力求教学目标明确具体，课堂结构不断优化。同课异构的过程实质就是一个择优的过程。

同课异构有多人同课异构和一人同课异构等形式。多人同课异构是指同一教学内容由两个或两个以上的教师来执教；一人同课异构是针对同一教学内容由一个教师进行几种不同的教学设计。"同课异构"中的异构不是目的而是一种手段，是通过不同的教师或者同一个教师用不同的设计上同一节课的手段来帮助教师更好地理解课程标准，更好地把握适合不同教学内容的教学方法，更好地了解适合不同学生特点的教学情境，发现平时教学中的一些低效甚至无效的教学方式等，提高教学的有效性。

同课异构通常以课例为载体进行课堂教学实践研究，围绕如何上好一次课而展开，研究过程渗透或融入教学过程，贯穿备课、设计、上课、评课等教学环节之中，活动方式以同事、成员之间的沟通、交流、讨论为主，研究成果的主要体现形式是文本的教案或案例式课堂教学。同课异构教学模式的基本流程为：确定内容、教学设计、课堂教学、评议反思修正、完善方案。

实践表明，同课异构教学模式能有效提高教师的专业素质修养，促进教师专业化发展，满足学生学以致用的要求。

一、研究基础

在先进职教课程理论的指导下，以社会、行业、企业调研为基础，我校采用"理论学习、明确思路—调研访谈、获取信息—领域转换、形成课程—实践检验、调整完善—完善建设、全面实施"的技术路线，遵循"确定目标岗位群—职业工作分析—职业能力分析—选择课程模式—构建课程框架—设立课程目标—选择课程内容—设立教学目标—整合教学内容"的课程开发流程，选择任务引领型的课程模式，构建了房管专业课程体系，见表1所列。

表1　房管专业课程体系

基础专业课程	核心专业课程	拓展专业课程
房地产开发知识	房地产市场调查	房地产项目测绘
房地产经济知识	房地产经纪操作实务	房地产估价操作实务
建筑基础知识	房地产法规应用	房地产英语听说训练
建筑识图训练	房地产营销操作实务	物业管理知识
认识实习	房地产经纪门店管理	房地产中介考证训练

之后，在职业工作任务分析的基础上，确定各门课程的学习内容。例如核心专业课程"房地产经纪操作实务"，通过实践专家访谈会等形式对主要就业岗位——物业顾问的工作内容进行分析，根据课程目标选择最具代表性的业务类型和最有学习价值的业务内容作为学习内容，并以工作任务为基础，增加学习环节，补充和整合相关内容。例如，由于相关任务的学习需要学生具备一定

的专业基础知识，这些知识要通过前期学习获得，否则会影响任务的开展，因此，我们增加了准备知识的学习这一学习任务，并安排在其他任务之前。最终"房地产经纪操作实务"课程由五个学习任务构成（见表2）。

表2　学习任务表

工作任务	学习任务
	准备知识的学习
二手房买卖居间	二手房交易
房屋租赁居间	房屋租赁
新建商品房销售代理	商品房销售代理
房地产登记	代办房地产登记

"房地产经纪操作实务"作为广州市首批立项建设的精品课程，按课程建设的阶段分为课程实验、课程实施和课程实践三个阶段，课程实验阶段主要采用同课异构的模式进行教学对比实验（见表3）。

表3　《房地产经纪操作实务》精品课程建设教学安排

时间	任务	班级
2012年9—12月	教学实验	11房1—3班
2013年3—6月	教学实施	11房4—7班
2013年7—11月	教学实践	11房1—7班

由于本校2011级房管专业共有7个班，1—6班为正常教学班，采用整周连续教学的形式组织教学，由于实训场地和师资的冲突，1—3班、4—6班实施性教学计划的课程一致，但开设学期有前后差别；7班是从化分教点在二年级回到校本部的班级，实施性教学计划的编排与1—6班不同，按传统的周、节安排课程教学。

二、同课异构教学实验的研究目标

按照课程标准和教学目标，通过对不同教师与"同课"教学的对比，结合教学效果，找出各"异构"间的优点和不足，在研讨、总结、反思的基础上，确定每一教学单元的基本教学内容，并对各教学单元进行课型分析，总结课型的特点，研究各课型的教学方法和教学结构，以此来统一教学内容、教学标准和考核要求，并结合后期的教学实施活动，不断调整、完善教学方式、方法，有效避免教学内容、教学标准和考核要求等因师而异的现象，规范教学行为，实现教学资源的共享，提高教学效益。

三、同课异构教学实验的流程

选择多人同课异构的教学模式进行教学实验，流程为：选定教学内容→进行教学设计→组织课堂教学→评议、反思、修正→构建最佳教学方案。

1. 选定教学内容

"房地产经纪操作实务"有准备知识的学习、二手房交易、房屋租赁、房地产销售代理和代办房地产登记五个教学任务，将教学任务分为两类，一类为二手房交易、房屋租赁、商品房销售代理三个任务，这三个任务是本课程的核心内容，特点是工作的流程性、规范性和技巧性都很强，职业工作的考核标准为是否达成交易，工作任务的完成与职业能力有较大关系，"与人有关，因人而异"，整个交易过程充满变数，有很多个人能力发挥的空间，对从业者能力的要求相对较高；另一类为准备知识的学习、代办房地产登记这两个内容，以代办登记为例，既是二手房交易的一个环节，也可以是一项独立的工作，特点是流程性强，要求清晰明确，只需按部就班地完成即可，学生个人发挥的空间不大。

基于这样的分析，我们选择二手房交易和代办房地产登记两个任务进行同课异构教学实验，并确定由三名专业教师执教。之后，组织研究团队、执教教师和评课教师对教材、教学内容、教学目标等进行了充分的讨论，让执教教师全面、透彻地理解教学目标和要求，增强对"同课"的认识，便于后期的比较研究，促进后续教学的行动跟进。

2. 进行教学设计

三名执教教师分析研究教学内容和教学目标，结合自身的知识背景、教学经验、生活和工作经历及任教班级的学情等，收集相关资料和教学资源，选择教学策略、方法，创设教学环境，就两个教学任务进行"背靠背"的教学设计。

（1）"二手房交易"（24学时）教学设计概要。（见表4~6）

表4　二手房交易教学设计1

教学任务	学时	教学目标	主要教学内容	教学方法	教学准备	教学环境	评价要点
学习准备知识	2	了解行业，了解公司相关规定，熟悉工作环境	中介行业与中介公司简介、学生筹备小型房地产中介公司	讲授、讨论模拟实训	学生：分组并收集中介公司资料。教师：PPT及资料	实训室	公司架构、小组配合与协调
搜集房源客源	6	熟悉搜集房源客源的方法，掌握走盘技巧	走盘、搜集房源客源、整理房源客源资料、绘制区域楼盘分布图	实训、讲授	学生：分组、熟悉走盘区域、客源房源资料表。教师：确定区域、PPT、评价表	户外、实训室	房源客源数量、质量、合作、纪律
门店接待、带客看房	6	掌握门店接待流程和要求；掌握房源推介要点；掌握带看技巧	模拟门店接待、推荐房源、带客看房、讲解房源	模拟实训、集中讲授	学生：房源推介脚本。教师：PPT、视频、评价表	实训室	流程的熟悉程度，带看技巧的使用，房源推荐成功度
按揭贷款、税费计算	4	掌握税费税基、税率，熟悉按揭方式；掌握按揭贷款的计算	房地产交易税费计算、当前房地产税费法律规定	集中讲授、练习	教师：最新利率万元月供表、PPT	教室	政策熟悉程度、税费计算速度与准确度
三方洽谈、签约	4	掌握常见洽谈技巧，熟悉常用谈判方法，熟悉签约要点	模拟三方洽谈、签订合同	集中讲授、模拟实训	学生：脚本、买卖合同。教师：评价表、PPT	实训室	技巧应用、协调性、合同熟悉度
过户与后续服务	2	熟悉房地产过户的程序与后续的服务内容	模拟办理过户手续协助交房	模拟实训	学生：提前熟悉交易中心网站。教师：PPT	实训室	流程熟悉程度

表5 二手房交易教学设计2

教学任务	学时	教学目标	主要教学内容	教学方法	教学准备	教学环境	评价要点
二手房交易流程	2	熟悉交易流程，了解交易过户程序，明确学习任务	二手房交易流程	案例教学	学生：分组、课前预习。教师：案例、视频、PPT	教室	知识点掌握
走盘（行西）	6	掌握行西要点，会计划行西路线，能完成行西任务	行西要素、行西任务书	视频、实地参观	学生：分组。教师：视频、PPT、任务书	教室现场	计划书、行西图
买卖委托	4	会接待买卖客户和有效沟通；会审查买卖资格，会签订委托合同	门店接待和买卖委托的工作流程及实际操作要点	视频和案例、角色扮演	学生：分组分角色。教师：案例、视频、PPT、任务书	实训室	接待与沟通的规范及技巧、考核表
配对看房	6	掌握房源客源开拓方法，会用软件进行客、房的配对，能完成带看及推介	房友软件、水牌制作、客源房源有效配对、客户看房	视频和案例、角色扮演	学生：分组分角色、房源资料、客源资料。教师：软件、视频和案例、任务书	实训室	软件操作、水牌制作、带看技巧
计价洽谈	3	掌握销售技巧；会与客户洽谈价格及处理异议；会计算交易税费，会签订买卖合同	销售技巧、交易相关税费、交易相关协议和合同	视频和案例、角色扮演	学生：分组分角色。教师：案例、PPT、任务书	实训室	知识点、税费计算、合同签订
过户收楼	3	掌握过户收楼的工作流程，会代办过户收楼的相关手续	过户收楼的流程、过户收楼准备的资料与注意事项	案例教学、角色扮演	学生：分组分角色。教师：案例、PPT、任务书	实训室	知识点

表6　二手房交易教学设计3

教学任务	学时	教学目标	主要教学内容	教学方法	教学准备	教学环境	评价要点
买方委托	2	会分析买方需求，会与买方签订中介服务合同，会进行买方购房资格核查	接受买方委托、签订中介服务合同（买方）、买方资格核查。补充：国五条	情景模拟	视频资料、国五条资料、中介服务合同	实训室	知识点、挖掘客户需求、合同条款的理解
房源开发	6	明确开发新房源的重要性，懂得如何开发新房源	开发新房源的途径	讨论	房源登记表	教室	房源登记表的填写
电话话术	4	掌握常用电话用语	电话礼仪、电话复盘技巧	实操	电话礼仪视频	实训室	接听电话情景模拟
卖方委托	2	掌握卖方委托程序，明确中介义务，熟悉中介服务合同（卖方），了解房屋查册，掌握办理委托公证	接受卖方委托、签订中介服务合同（卖方）、房屋查册、委托书	讲授	中介服务合同、查册表、委托书	教室	合同条款的理解、填写中介服务合同（卖方）
看房与推介盘源	6	了解广州较大规模的商品房区域	分组走盘	实操	地图、坐车指南、指南针、笔记本、相机	户外	楼盘分布示意图
交易过户	2	熟悉交易中心业务范围，熟悉二手房交易的程序和基本税费	网签、交易税费、过户注意事项	实操	交易管理软件、交易税费表	实训室	列举需提供资料及需交纳的税费明细
收楼	2	了解收楼要点与注意事项	收楼要点与注意事项	案例教学	收楼视频	实训室	收楼要点判断

通过对三份教学设计的对比和分析，我们发现共性非常明显，如教学内容中都有搜集房源客源、门店接待、带客看房、洽谈签约、交易过户与收楼等内容的设计，说明教师们对职业工作中核心职业能力的理解是共同的，即对教学目标的认识和把握是高度一致的。三份教学设计中，表5的教学任务安排、学时分配等相对比较合理，教学评价相对比较客观、全面。

我们也很明显地看到三份教学设计的区别：一是教学起点不一致，表4从学习准备知识开始，表5从认识工作流程开始，表6则直接从一个具体的委托任务开始；二是教学任务划分的节点、层次不一致，表4和表5在经过两节课的准备之后进入真正的工作任务环节，并且都以"走盘"作为工作任务的开端（表4房源客源开拓与表5的走盘虽然名称不同，但教学内容实质一样），表6的走盘环节安排相对较晚，另外，表5将专业软件操作部分的内容整合为教学内容，而表4、表6则没有这个内容；三是教师所站的角度不一样，表4、表6从学的角度组织，表5则从教的角度组织；四是教学安排差异很大，学时分配不均衡，特别是表6的学时分配没有突出重点和难点；五是教学设计中存在教学任务与教学内容不匹配的情况，如表6中教学任务为看房与推介房源，而教学内容为走盘，这样会产生因部分重点教学内容的缺失而导致学生的能力培养不够全面的后果。

根据这三份教学设计的特点，研究小组成员经过深入分析，将三份教学设计的课堂教学模式分别定位为：表4为传统的先知识后实践型，即先讲后练，先是方法、程序的介绍，再讲知识，最后是操作实践；表5为点状的小任务型，强调以教学内容为主线，设计各自独立的小任务（案例为主），学生能力的培养是分散型点状的；表6为连贯的工作任务型，即以一个具体的案例为载体，一个完整的工作任务为主线，让学生在完成案例任务中进行实践。

三份教学设计都有不足之处，由于要进行教学实验，研究小组只对教学设计中明显存在的不足与执教教师进行了沟通，执教教师进行修改后进入课堂教学阶段。

（2）代办房地产登记（10学时）教学设计概要。

三位执教教师完成的"代办房地产登记"的教学设计具有90%以上的相似度，不一一列举，仅展示其中的一个设计（见表7）：

表7 代办房地产登记设计

教学任务	学时	教学目标	主要教学内容	教学方法	教学准备	教学环境	评价要点
赠予登记	2	了解房屋赠予业务的操作流程，会办理赠予登记	赠予登记的流程、所需资料与注意事项	案例、实操	典型案例	无特殊要求	正确性、熟练程度
继承登记	2	了解房产继承业务的操作流程，会办理继承登记	继承登记的流程、所需资料与注意事项	案例、实操	典型案例	无特殊要求	正确性、熟练程度
析产登记	2	了解房产析产业务的操作流程，会办理析产登记	析产登记的流程、所需资料与注意事项	案例、实操	典型案例	无特殊要求	正确性、熟练程度
特殊情形的房产登记	4	了解分割、合并、涂销、变更、更正登记等业务的操作流程，会办理上述登记	特殊情形登记的流程、所需资料与注意事项	案例、实操	典型案例	无特殊要求	正确性、熟练程度

　　代办房地产登记业务是房地产经纪门店的补充业务而非核心业务，不是公司收入和利润的主要来源，但在工作中经常会遇到客人咨询的情况，为体现经纪服务的专业性，树立公司形象和品牌，门店也会积极承接类似业务。这类业务的流程性、规范性、时间性均较强，经纪人员只需依法、遵章办事即可较好地完成任务。因此，教学设计不复杂，教学方法也比较简单，就是"典型案例+实操（巩固性练习）"的形式，没有做太多的教学拓展。

3. 组织课堂教学

　　三位执教教师根据教学设计到任教班级进行教学实验，研究团队组织听课教师通过听课观察、学生访谈及抽查学生作业等方式，及时了解学生对所学内容的掌握情况。每一个分项的教学任务结束，听课教师都要集中对不同思路下的教学内容、教学组织、教学效果等方面进行讨论。

（1）观察教师。（见表8）

表8 观察表1

班级	执教者		职称	教龄	教学内容	听课人
教师课堂表现	教学状态	精神状态：				
		语言表达：				
		师生关系：				
	课堂组织与调控	课前准备：				
		课堂导入：				
		重难点：				
		教学活动安排：				
		教学情境设计：				
		学生能力培养：				
		学生素质养成：				
		意外情况处理：				
总体评价						

（2）观察学生。（见表9）

表9 观察表2

班级	执教者	职称	教龄	教学内容	听课时间
学生课堂表现	所处地位：				
	学习态度与学习习惯：				
	上课积极性：				
	课堂活动参与的广度：				
	课堂活动参与的深度：				
	课堂活动表现力：				
	创新性：				
	师生关系：				
总体评价					

（3）观察教学实施。（见表10）

表10　观察表3

班级	执教者		职称	教龄	教学内容	听课人
教学实施	教学目标与教材处理	教学目标适切度：				
		教材处理合理度：				
	教学结构	学生主体性：				
		教师组织、指导：				
		认知工具媒体应用：				
		学习途径：				
		教学各环节安排：				
	教学方法与手段	教学方法：				
		教学手段：				
总体评价						

4. 评价、反思、修正（见表11）

教学任务完成后，研究小组成员填写《评议反馈表》，与执教教师进行会诊式研讨，剖析教学行为，并重点对教学效果进行探讨。

表11　评议反馈表

执教教师：_____		教学内容：_____	评课人：_____
教学目标	全面、具体，适宜度		
	目标达成度		
教材处理	突出重点		
	突破难点		
	抓住关键		
教学程序	教学思路	符合教学内容	
		符合学情	
		思路清晰流畅	
		创新性	
	课堂结构安排	教学环节	
		时间分配	
		教学效率	

续 表

执教教师：_____		教学内容：_____	评课人：_____
教学手段 和方法	方法多样		
	方法灵活		
	方法创新		
	手段先进		
教学效果	课堂参与性		
	教学目标达成性		
	学生素质与能力培养		

二手房交易三个教学设计下的课堂教学效果表明：

（1）传统的先知识后实践型注重知识的认知规律，但实践性较弱，学生的主体作用和主动性没有较好地发挥，学生的能力培养效果较弱。

（2）点状的小任务型因为较多的案例教学加强了对学生点状能力的培养，但又没有连成整体，学生的综合能力没能有效培养。

（3）连贯的工作任务型的工作任务载体好，对学生动手能力的培养效果较好，连贯性也较强，但学生只会依葫芦画瓢，不能举一反三。

（4）代办房地产登记由于教学设计相似度高，教学过程也大体一致。对这类流程性、规范性均较强的工作任务，"典型案例+巩固性练习（实操）"的教学方法是教师们较多使用且行之有效的方法。

经过相互启发、借鉴和参考，执教教师针对教学中暴露的问题，结合《评议反馈表》进行了教学反思，并根据各班的实施情况对原设计进行了合理化调整。

5. 构建最佳教学方案

研究小组成员在执教教师各自合理化修改设计的基础上，进一步对两个教学任务的教学内容、教学目标、教学方法、教学准备、学生评价要点等进行了深入研讨，一致认为以二手房交易为代表的操作性较强的教学任务适合以完整的工作任务为主线来设计教学环节，任务编排充分考虑学生认知规律和任务特点，多采用情景模拟、角色扮演、案例教学等方法；以代办房地产登记为代表的教学任务适合以实际案例为载体，按实际工作流程和标准进行学习。

按照上述思路构建二手房交易的最佳教学方案见表12。

表12 二手房交易教学方案（总课时：28）

完整的工作任务	（子）任务（学时）	课型	教学目标	主要教学内容	教学方法	教学准备	教学环境	教学资源	教学评价
开拓房源	开拓房源（8）	仿真实操型	了解开拓房源的方法，会填写房源登记表、会使用软件、会查验房源，会签订委托出售合同，会制作门牌	开拓房源的方法（走盘）；填写房源登记表；在管理软件系统输入房源；查验房源；签订委托出售合同；房源信息传播	讲授、实操案例、实操个人实操；案例、讲练个人练习；案例、实操	房源登记表、委托合同、详细的房源资料	教室、社会教室或实训室实训室；实训室教室或实训室实训室	中介管理软件、门店资料图片	房源数量、质量，软件熟练程度，合同与软件熟悉程度
客户委托、房源配对	接待客户、房源推介（4）	情境体验型	会礼貌接待客户，了解客户需求，会针对客户需求推介房源，会签订委托购买合同，会操作中介软件	签订委托购买合同；利用软件管理客户；房源配对；房源推介；接待客户模拟	讲练实操案例、实操分组实操	购房需求登记表、委托合同	教室或实训室实训室实训室	视频资料	礼仪、规范、反应、合同与软件熟悉度
带客看房	带客看房（4）	情境体验型	会进行带看准备，会设计带看路线，会流利介绍房源，知道带看现场的把控	带看前的准备；带看中的把控；带看后的控制；带看模拟	案例、讲练案例、讲练案例、讲练分组实操	售楼道具、多份房源资料	教室或实训室教室或实训室实训室	视频资料	接待、讲解、礼仪、现场调控

续 表

完整的工作任务	（子）任务（学时）	课型	教学目标	主要教学内容	学习任务（以帮客户买房为例） 教学方法	教学准备	教学环境	教学资源	教学评价
洽谈、计价 签约	洽谈、计价与签约（5）	知识应用型	知道促成交易常用方法技巧，会解释、计算相关税费，会组织签订三方合同，会引导办理按揭手续	促成交易的技巧；相关税、费的计算；收取定金；签订三方合同；办理按揭手续	案例、讲授、案例、讲练、个人练习、案例、实操	三方合同、最新万元月供表、最新税收标准	教室、教室、教室或实训室、教室或实训室、教室或实训室	案例、视频资料、最新行业资讯	计算的准确性与速度
过户	协助办理权属登记（1）	仿真实操型	会指引支付首期款项和办理过户登记	首期款项的支付、过户资料的准备与提交	分组实操、案例、实操		教室或实训室、实训室	最新行业资讯	资料的准确性
协助交楼	协助交楼（2）	仿真实操型	会协助交楼，会结算佣金，会跟进服务	房屋交验；佣金结算；售后服务	分组实操、分组实操、讲练	房屋交验表	实训室、实训室、实训室		注意事项
二手房交易过程全过程模拟	二手房交易全过程模拟（4）	综合训练型	熟悉全流程	全流程训练	分组实操	以上全部	实训室	以上全部	综合

（本文发表于《广州教学研究》2013年第12期）

第三章

教学改革

比较教学法在房地产营销与管理专业核心专业课程教学中的应用

执笔：刘鹏　彭玉蓉

教无定法，实用高效的教学方法就是好的教学方法。虽然现在有很多的教学方法创新，为教育教学开拓出了新的天地，但是传统的教学方法如果应用得当，同样可以令人耳目一新。比较教学法是在教学中应用较多，比较普遍，也比较简单易行的一种方法，其基本内涵就是把教学中有可比性或者差异性的内容放在一起，利用恰当的比较方法比较其相似或相异之处，归纳规律，发现问题，或者得出结论。比较教学法的应用范围比较广泛，可以是知识点，也可以是能力应用；应用的形式也多种多样，可以是教学内容的对比，也可以是教学形式或者组织形式上使用比较。

因地制宜，因材施教。根据学情、课程内容选择适当的教学方法是教学的一个重要环节。"房地产销售实务"与"房地产经纪操作实务"这两门课程是房地产营销与管理专业的核心课程，是学生走上销售岗位的必修课，是岗前必备技能的培训。因此，如何提高这两门课程的学习效果，使学生能够举一反二，是学习这两门课程一个非常重要的课题。实践证明，比较教学法是一个比较合适的选择。其主要的优点体现在以下四个方面。

一、有利于迅速辨析差异，明确内涵与外延

"房地产销售实务"主要是针对一手房销售岗位，"房地产经纪操作实务"课程主要针对二手房中介岗位。那么，一手房销售和二手房中介有什么区别？在房地产营销与管理专业，未上这两门课程之前，很多学生不明所以。这会导致学生对岗位职能、工作内容、销售对象认知不清，很难胜任岗位工作。因此，明确二者的差异非常必要，也非常重要。采用比较教学法来学习，就具有比较明显的优势，可以明确差异，增进理解。

在教学实践中，可以先布置一个小任务：要求学生介绍一个二手房源。很多学生马上写了一大段一手房销售的广告：××花园位于××大道与××大道的交叉路口，30分钟直达市区，交通便利，绿化率高，容积率低，花园式设计，为您提供高品质的居住生活……而所谓的二手房源是什么？应该是单独的一套房屋，而不是一个小区，一个楼盘。由此，引导学生讨论比较明确一手房销售和二手房中介的差异，再把它做成一个表格的形式进行汇总。具体见表1所列。

表1　一手房销售与二手房中介工作重点对比表

序号	项目	一手房销售	二手房中介
1	产品推介	以楼盘整体营销	以单套房屋个别推介
2	产品价格	标价为单价，广告推介一般为起价	标价为总价，单价作为参考
3	产品主要影响因素	区域未来的发展潜力	房屋成新度和周边配套
4	产品面积	同一楼盘，多种选择	一套房屋，一个面积
5	产品户型	一个楼盘一般有多个户型	一套房屋，一个户型
6	交易参与者	多（购房者）对一（开发商）	一（购房者）对一（售房者），加中介
7	工作的对象	购房者	购房者、售房者（房源）
8	交易形式	买卖	买卖、租赁等

通过这种简单的比较，很多学生立刻明白了这两者之间的差异，对一手房销售和二手房中介有了初步的认识。同时，也让能够举一反三的学生不断挖掘更多的差异，从而更加深入地理解。

有了上面的基础，接下来的任务就简单多了：每个学生写一个一手房的广告词，一个二手房的广告词。部分理解能力比较好的学生，很快完成了，而且写得不错。

一手房广告词摘录：

明明白白我的心，舒舒服服您的家。——杜荣御景

都市大盘，居住投资首选。——五花世界花园

让我们相守相依，在这里慢慢变老。——糖果新世界

二手房广告词摘录：

明珠花园，三房两厅，90平方米，电梯楼，150万，超值！

罕见超低价，都宝世界，四房两厅，仅售200万。

全城最低，业务急甩，珠江花园，三房，85平方米，120万。

通过这种加强对比，学生对一手房销售和二手房中介的业务理解更加具体和清晰，为后续的技能应用也创造了条件。

二、有利于对程序性教学内容记忆和区分

"房地产销售实务"与"房地产经纪操作实务"两门课程程序性较强，两者在程序上有很多的共性，也有一些明显的差异性。程序性的教学内容相对而言比较枯燥，大部分学生不太愿意学，更不想去记忆，但是往往是教学内容或者工作内容的主线，是把相关内容相互联系起来的关键。采用比较教学法，就是让学生在找差异中不断地复习回顾，从而加深印象，理清头绪。具体做法是，首先列出一种（一手房销售或者二手房经纪），然后让学生填写另外一种，并找出两者有差异的地方，通过表格形式来展示。最后完成的表格见表2。

表2 一、二手房销售工作流程与主要内容对比表

序号	二手房流程	主要内容	一手房流程	主要内容
1	找房源	通过走盘、信息、电话、网络、上门找房源	无	房源属于开发商，不用外出寻找房源
2	找客源	通过走盘、信息、电话、网络、上门找客源	找客源	通过走盘，信息，电话，网络，上门，一、二手联动找客源

续 表

序号	二手房流程	主要内容	一手房流程	主要内容
3	接待客户	在房源、门店接待客户，推介房源	接待客户（沙盘讲解）	在营销中心接待客户，推介户型和讲解沙盘
4	带客看房	带领买方或者租房者去意向房源看房，一般要看多套房	样板房讲解	带领购房者在营销中或者小区看户型样板房，一个户型一套样板房
5	三方洽谈	买方、卖方、中介（或租房者、出租者、中介）围绕价格谈判，主要是买卖双方谈（或租房者和出租方），中介协调	洽谈（价格谈判）	买房者与销售人员（代表开发商）谈判，主要是价格的优惠
6	签约下定	签订三方合同，交定金给业主	签约下定	签订认购书（买房者与开发商），交定金给开发商或者直接付款
7	后续服务	协助办理房屋产权过户，转按揭贷款，物业管理、水电费转移，户口迁出，收房等	后续服务	协助办理房地产产权证明、按揭贷款、收房等

通过上述表格中全方位、全流程的对比，学生对于一手房和二手房的基本流程有了清晰的脉络，基本能够说出流程的步骤。相比较以前单独学习二手房中介或者一手房销售的流程，学生对内容的记忆深度和区分有了很大的提高。

上述表格中，是两门课程业务流程的一个全面对比，其实在一些其他的程序性内容里面也可以使用。比如说，过户和办理按揭贷款的流程。在这些环节里面包含有很多知识，二者有很大的差别，使用对比教学法会有较好的效果。在税费的计算知识点，通过对比计算，很多学生惊呼："二手房的税费真多啊，还是一手房的税费少！"这至少让学生知道了一手房和二手房的税费是有较大差异的，从而对税种、税率有一个较好的认识。

三、有利于强化相同的技能训练

不论是一手房销售岗位还是二手房中介岗位，较好的表达能力、分析能力都非常重要。使用比较教学法，可以在不同的内容学习中训练相同的技能，从而提高学生灵活运用技能的意识。突破表象，抓住本质。在具体教学中，通过给出不同的案例背景，让学生通过完成教学任务形式来实现。

例如二手房中介有接待客户的内容，在一手房销售中也有接待客户的内容，虽然有一些不同，但是其基本的技能目标是一致的：提高表达能力和分析能力。具体实施如下。

首先给出两个案例背景。

二手房：小李和小王是一对新婚夫妻，想要购买一套婚房，考虑到今后小孩的就学问题，计划购买成熟地段的二手房。国庆节期间，他们来到中介门店咨询。假如你是一名中介，请你接待小王和小李夫妇。

具体任务：撰写一段对白稿，然后模拟演练。

一手房：小李和小王是一对新婚夫妻，想要购买一套婚房，考虑到近期不准备生小孩，想买郊区环境较好的一手房。国庆节期间来到辛迪御景营销中心咨询。假如你是一名销售中心的销售人员，请你接待小王和小李夫妇。

具体任务：撰写一段对白稿，然后模拟演练。

在撰写对白稿阶段，重点指导学生如何适应情境，合理假设。这主要是训练学生根据不同情况，分析客户需求，根据需求做出合理的推介。例如二手房的案例背景里面有三个关键词：新婚、学位、成熟地段。"新婚"意味着支付能力可能不是太强，豪宅产品或者面积过小的户型不适合，三室或者四室比较恰当；"学位"意味着明确的信号，好的学校是购房考虑的重要因素；"成熟地段"意味着希望周边配套比较齐全，交通方便的区段。综合上述考虑，基本就可以为客户的需求做一个描述了，从而为客户进行房源筛选。同样一手房的案例里面也有三个关键词：新婚、不准备生小孩、环境较好。"新婚"也意味着年纪不大，支付能力可能不够强，中小户型是首选；"不准备生小孩"意味着没有学位的顾虑，是否有幼儿园或者小学等不是考虑的重点；"环境较好"意味着希望小区绿化率高，容积率稍低点，靠山靠水等是优势。通过这种引导，发散学生的思维，让其不断学会根据具体问题具体分析，从而采取不同的应对方式。

在模拟演练阶段重点是锻炼表达能力，其标准是流利、清晰，让客户能够听清楚，也不要过于啰唆，让客户听到想听的，听清想听的。让学生在两种不同的案例背景下锻炼表达能力，其可以认知到：只要有良好的表达能力，不管在什么情况下，不管是面对谁，我都可以做到应付自如。表达能力是不变应万变的根本。

四、有利于提高学生的学习兴趣

比较教学法也可以在教学的组织形式上使用。例如上面的模拟阶段可以让学生自己相互对比练习，相互提建议，相互提高，这也是对比教学法的一种形式。

首先，根据课程内容把学生分成3人一组的小组，小组是参赛的基本单元。学生以小组的形式分角色进行模拟演练。然后，让所有的小组加入A或者B方，所有小组的成绩相加，作为A或者B方的总成绩，进行竞赛比较。A方或者B方设两位指挥，协调两方小组出场的顺序。同时，教师根据学生的情况，从A、B方各选取两位学生作为评委，对小组模拟演练实操给予评分。这种形式就像是拔河比赛，开始的时候有些学生还不着急，冷眼旁观。但是随着比赛的逐步进行，自己那方的分数有些偏低或者领先时，这些学生慢慢地也开始参与进来，或是献计献策，或是高声欢呼，或是在其他同学的催促下认真准备，从而调动了整个课堂的积极性，激发了学生的兴趣。

俗话说"教有万法"。但是也并非万法皆通，只有因材施教，适合的才是好的教法。创造新的教学方法，是了不起的事情，优化和完善一些传统的教学方法，使之在日常教学中更加好用，更加有效也是很有意义的。在教学实践中，不断地探索和思考，不断根据学情、教具、教材等选择和优化教学方法，为学生上好每一堂课，熟练每一个技能，是教师教学工作不变的追求。

参考文献：

[1]王湘.比较法在语文教学实践中的应用[J].长春大学学报，2002（5）.

[2]阙广英.浅谈比较法在语文单元教学中的运用[J].广西教育学院学报，2000（S1）.

[3]黄新宇.比较教学法探析[J].吉安师专学报，1997（01）.

[4]于源溟.新时期语文比较教学法探索[J].教学与管理，1999（12）.

[5]朱泳燚.在语文教学中引入名家修改佳例的理念与操作[J].课程·教材·教法，2003（1）.

［6］薛峰.中学语文的比较法教学实践与总结［J］.考试周刊，2009（49）.

［7］彭玉蓉.房地产销售实务［M］.北京：中国劳动社会保障出版社，2012.

［8］彭玉蓉.房地产经纪实务［M］.北京：中国劳动社会保障出版社，

2013.

（本文发表于《科教文汇》中旬刊2017年第3期）

探究式教学法在市场调查课程中的实践研究

执笔：黄常运

本文通过对探究式教学法的认识和理解，以比较典型的具有强理论知识但难以进行实际操作的市场调查课程为例，并以专业课程中的理论内容部分作为教与学的应用对象，将探究式教学法在市场调查课程中的应用过程及相关探讨重点进行了较为详细的阐述。

一、探究式教学法的认识

纵观不同的文章及学者论点，普遍可以认为探究式教学法，就是要改变普遍存在的学生被动接受知识的学习方式，倡导以学生为主体，为中心，通过不同组织的教学形式让学生自主参与、主动探究地融入学习任务的学习中，主张学生通过思考和经历的实践，发现事物发展的起因和事物内部的联系，从中找出规律，形成自己的概念，进而掌握认识和解决问题的方法和步骤。因此，在探究式教学的过程中，较为强调学生的完全主体地位和教师的绝对指导、引导性质。

二、课程分析及方法选择

在本文中，主要通过在实际教学中运用探究式教学法，将学习任务与探究式学习法相结合，采用以学习任务为关键，以学生探究为主体，以任务和问题为中心的教学方法，注重引导学生通过小组合作、自主探究、自主学习的方式，加强学生对学习任务的数量和质量的把握，加强对学习进度和效率的掌控，从而探索出在不能运用"理实一体化"教学法中的专业理论课程的学习方法。

三、探究式教学法在课程中的实践应用

（一）学习任务及学习目标

1. 学习任务

调查区域房产市场的在售楼盘及开发公司情况。

2. 达到目标

能确定学习的主体知识点；能拟定计划并开展网络和实地调查；能熟悉区域房产市场一到两个有代表性的在售楼盘情况；能熟悉一到两家有代表性的房地产开发企业。

（二）学习过程

过程一：学习知识探究

（1）视频展示：分别播放开发商介绍视频《恒大集团宣传片》和《雅居乐剑桥郡》项目介绍视频以及《广州市世联房地产咨询有限公司》代理公司介绍视频。

（2）知识引导：通过案例和视频，首先引导学生讨论案例和视频中所介绍的与调查有关的知识并进行提问，包括开发公司知识、代理公司知识、销售项目知识、专业术语等，在讨论和提问后学生根据课文中比较系统的、需要学习掌握的要点知识，由各小组自行制订本组的《学习内容任务表》《区域在售楼盘调查表》《区域房地产开发商调查表》。

确定学习流程：

（1）分组并确定组名。

（2）各组自主拟订本次学习任务所要学习的专业知识的《学习内容任务表》以及《区域在售楼盘调查表》《区域房地产开发商调查表》。

（3）根据学习内容表安排网络搜索及实地调查环节，学生按小组自主完成开发商、代理商、销售项目及专业术语等基础知识的内容调查。

（4）整理资料，展示并讨论学习内容。

（5）总结与评价。

教学环节要求：

1. 学生活动

（1）观看视频，思考问题，明确遇到的疑难点问题和学习方向。

（2）记录好要学习的知识要点，并可进行小范围地相互讨论。

（3）分组，完成简要的学习内容任务表。

2. 教师活动

（1）讲解案例，展示视频，引入学习内容及相应要点。

（2）鼓励学生大胆思考和提问，指导学生完成学习内容任务表。

（3）布置接下来的内容学习环节和要求。

过程二：资料及内容探寻

主要通过网络搜索和实地调查两种形式收集资料，集中安排学生上机时间和外出调查时间，但需要学习的内容以教材重点内容和各个小组自主汇总出来的《学习内容任务表》《区域在售楼盘调查表》《区域房地产开发商调查表》为准，由学生共同讨论拟订，教师不做统一安排。

这样的安排主要是基于分层教学，是鼓励学生通过小组成员间的相互讨论，依据课本内容作为一个蓝本，主动去确定自己和小组需要学习的重点、难点、疑问点等不同的知识，同时又提供网络平台和实地调查途径，从较为直观的角度去理解房地产销售人员的素质和能力，有助于学生以后的职业发展。

教学环节要求：

1. 学生活动

（1）明确个人遇到的问题和小组共同的学习方向。

（2）利用网络上的资料和实地调查的资料完成学习计划内容表和调查表。

（3）记录好学习的动态过程，尤其记录好在解决难点、重点、疑问点的知识中所用到的措施和方法。

2. 教师活动

（1）鼓励学生大胆思考，参与学生的学习表构思。

（2）收集学生的疑问与有亮点的自主设计构思方案，为下一步的讨论和展示做准备。

（3）解决学生难以处理的一些知识点。

过程三：成果及知识讨论

各个学习小组通过前期的网络调查和实地调查，形成较为完整和详细的《学习内容展示表》，主要由三大模块构成，分别是开发公司、代理公司、销售项目，同时完成《区域在售楼盘调查表》和《区域房地产开发商调查表》两份调查表格，并在黑板上进行展示，同时由一位成员简要介绍小组的学习过程，重点介绍学习中遇到的知识难点以及解决的方法。在每个小组展示完成后，其他小组结合本组的《学习内容展示表》、课文相关知识、小组成员疑问等进行大讨论，并由每组的代表收集组员的疑问进行提问，然后由展示组进行解答，进一步引发学生的学习动力，巩固和提升学生对知识的理解和掌握。

教学环节要求：

1. 学生活动

（1）细化学习内容展示表，记录好重点讲解的知识要点、记录遇到的知识难点及解决的方法。

（2）展示《学习内容展示表》并由组员简要介绍完成的过程并接受提问。

（3）全班大讨论，相互提出问题并分析反馈问题。

2. 教师活动

（1）参与学生讨论，有序组织学生小组及个人发言，协助学生完成一些疑难点的学习。

（2）对表现突出的，或是提出合理意见和解决方法的小组和个人进行相应的评分奖励。

（3）讲解各小组遇到的普遍问题和新知识的重难点。

过程四：组间及教师总结

1. 教师总结

（1）完成此次学习内容的总体情况。

（2）各组在学习内容实施过程中所遇到的共性问题。

（3）对各组表现突出和积极者的评价。

（4）进行知识的梳理和归纳，加深知识的理解和运用。

2. 集体评价

引导学生反思学习过程和学习结果，并以小组为单位完成学习评价表。（见表1）

表1　学习评价表（以小组为单位）

教学进程	评价内容	分值	得分	备注
知识准备	《学习内容任务表》	5		组间互评 教师评价
	《区域在售楼盘调查表》	5		
	《区域房地产开发商调查表》	5		
任务实施	团队合作	10		组内互评 教师评价
	内容填写	15		
	观点创新	15		
成果展示	学习内容	15		组间互评 教师评价
	表格设计	5		
	解说与反馈	10		
	《学习内容展示表》《区域在售楼盘调查表》《区域房地产开发商调查表》	15		
合计		100		

综合应用情况，探究式教学法是探索理论性专业课程的一种有效尝试，突出了探究式教与学的本质特点是强调小组学习和自主学习的重要性。但如何更好地激发学生的探究兴趣，如何把控学习目标的质和量的关系、如何平衡教师的教和学生的学的活动关系则是提高探究式教学法适用性的重点探讨之处。

参考文献：

［1］许云凤.探究式教学与传授式教学辨析［J］.教育探索，2006（7）.

［2］彭玉蓉.《房地产销售实务》探究性教学实验研究报告［Z］.2014（5）.

（本文发表于《现代职业教育》2015年第12期）

任务引领下"物业管理实务"翻转课堂教学模式设计与应用

执笔：许燕丹　韩现国

一、研究基础

任务引领教学法产生于20世纪80年代，其构建的指导思想是：以就业为导向，以能力为本位，以岗位需求为依据，按照实际工作任务、工作过程和工作情境组织课程，满足学生职业生涯发展的需要。工作任务需要根据工作岗位的实际情况进行选取或设计，培养学生关注工作任务目标的完成，以工作任务与工作过程进行课程设置，并按照知识的逻辑体系选择和组织课程内容。翻转课堂是一种将传统课上教学过程与课下学习活动进行转换的新型教学形式。翻转课堂首先由教师创建教学视频，学生在家或课外观看视频讲解，然后再回到课堂中进行师生、生生间面对面的分享、交流学习成果与心得，以实现教学目标为目的的一种教学形态。

现代职业教育提出以知识为主体，能力为本位，就业为导向的教学观。教师必须转变观念，改革传统的教学模式。任务引领下的翻转课堂教学模式正符合现代中职教育的方向和宗旨。教学中以任务引领为导向，能使教学过程任务化，确立学生的主体地位。以任务活动为主要途径，采取翻转课堂的教学模式，能使学生积极地做起来，成为课堂的主人。在翻转课堂的教学模式下，学生的主体地位更加明确，通过主动积极思考、参与课堂活动，在完成工作任务的过程中，不仅提高了学生的职业思考能力，更激发了学生的学习动力，有利于促进学生职业能力、职业素养的形成与发展。

二、基于"翻转课堂"教学模式的教学实验设计

1. 实验基础

基于对任务引领课程模式的认识、翻转课堂教学优势和对物业管理专业情况的分析，在"物业管理实务"课程的开发实施过程中，采用了任务引领课程模式，在课堂实施过程中以翻转课堂教学模式为核心。与传统的课堂教学有所区别，学生在课前就教师上一节课布置的工作任务，以小组或个人的形式进行知识的准备与查找，将知识内化。在课堂上直接对工作任务进行开展、演示或实施，展示工作成果或完成操作任务。

结合翻转课堂模式的理念，以工作任务为核心，进行了基于任务引领下的"物业管理实务"的翻转课堂模式的教学实验设计。本研究针对"物业管理实务"课程设计与开发课程的特点，设计了任务引领式的教学过程，将教学内容按照工作任务的主线进行子任务的安排和设计，将课程的知识点分成5个大的工作环节，再细分出15个自学习任务。在翻转课堂下学生是课堂的主体，同时也是学习的主体。翻转课堂下，包括学习准备和课堂实施两个教学环境的准备。在学习准备环境中，教师根据设定的工作任务，制作、开发及准备相应的基础支撑学习资料，包括课件、案例及视频影音资源等。同时利用学校的网络资源平台、E时代的课程学习网站以及实训场地，将任务学习的资料通过网络平台（百度云网盘、小米Wi-Fi等资源）与学生进行共享，学生通过教师搭建的网络学习平台以及互联网资源平台，通过手机客户端以及电脑就能随时随地开展工作任务的准备学习，完成工作要求，教师成为辅助学生学习的引导角色。在课堂实施环节，学生将完成的工作任务进行展示、演示以及操作，教师对学生课前学习过程中遇到的问题、设施过程中的难题进行集中讲解，同时通过多主体进行工作任务实施的综合评价，最后形成工作成果进行展示。

2. 实验目的、思路与方法

实验目的：将基于任务引领的翻转课堂教学模式应用于物业管理实务精品课程以及物业管理实务课型研究，观察具体的实验效果。为了检验物业管理实务课程内容的设置是否合适、教学组织过程是否合理、教学效果是否理想，同时也为了探索新的课程模式下适合本课程的课型和教学模式，提炼出合适的课

型模式，以便形成教学实施方案，检验其是否能够激发学习者的学习兴趣、提高学习者的学习能力，从而提高教学的效果，我们进行了课程实验。本次物业管理实务课程实验过程，通过调查问卷、访谈、会议等多种形式开展。

在课程内容设置方面，分别针对学生以及专业教师，从课程的内容设置是否合适、学生对教学内容接受的难易程度以及教学内容的排序是否符合学生认知规律三个方面来衡量；在课程的教学模式方面，结合专业教师的授课过程及体验，针对课型和教学模式主要以教师的总结、课后反思的方式来提炼；在课程教学效果评价方面，主要以学生、教师两类主体开展过程性评价，从数据的统计结果来衡量课程的教学影响。

为了更好地对比翻转课堂与传统课堂的设施效果，我们通过探究实验的方法开展教学实验。选取13物业1班52人、13物业2班48人进行课程教学实验，分别交叉采用翻转课堂教学模式进行教学以及传统的"教师讲+学生练习"的方式进行授课，分别选取三类课程内容：知识应用类、技能实操类以及综合运用类知识点，每个类型相应选取两个任务，同步开展教学过程，在教学过程中对学生、教师以及教学过程进行观察，针对工作能力等变量开展测验，在一个学期后，我们对学生进行了操作技能测试以及问卷调查，分析前后变化，收集不同教学模式下学生职业能力的影响因素，为教学设计及课程模式的提炼提供科学依据。

三、"翻转课堂"教学实验过程及学习效果分析

选择试验对比的教学模式进行教学实验，流程为：选定教学内容→进行教学设计→组织课堂教学→评议、反思、修正→构建最佳教学方案。

（一）选定教学内容

1.通过对"物业管理实务"各个学习任务的分析，将学习任务分为三类

第一类是知识应用类，特点是以学习概念、分类、内容和特点的知识为主。例如熟悉物业管理公司、物业经营服务、物业档案管理等。

第二类技能实操类。实操内容既是某个物业工作过程的操作环节，也可以是一项独立的工作，特点是流程性强，要求清晰明确，只需按部就班地完成即可，学生个人发挥的空间不大。例如业主入住管理、物业装修管理、收取物业

服务费等。

第三类是综合运用类。这些任务是本课程的核心内容，特点是工作的流程性、规范性和技巧性都很强，职业工作的考核标准为是否完成工作任务度、业主回访满意度。工作任务的完成与职业能力有较大关系，工作过程主观能动性影响较大，对能力要求高，有很多个人能力发挥的空间，对从业者职业技能的要求相对较高。例如获取物业服务项目、处理客户投诉、协助进行物业承接查验、物业公共秩序管理服务、社区文化服务等。

基于这样的分析，我们从上述三类学习任务中各选择两个，共6个任务（表1中A—F用具体任务替换），进行教学对比实验。

2.确定班级试验安排

为使对比更加客观，在试验内容与试验班级的匹配上我们进行了下面的安排（见表1）：

表1　教学实验安排表

类型	知识应用类		技能实操类		综合运用类	
学习任务	A.熟悉物业管理公司	B.物业经营服务	C.业主入住管理	D.收取物业服务费	E.处理客户投诉	F.社区文化活动
试验班	13物业1	13物业1	13物业1	13物业1	13物业1	13物业1
对比班	13物业2	13物业2	13物业2	13物业2	13物业2	13物业2

（二）进行教学设计

执教教师分析研究教学内容和教学目标，结合自身的知识背景、教学经验、生活和工作经历及任教班级的学情等，收集相关资料和教学资源，选择教学策略、方法，创设教学环境，就上述6个学习任务进行理实一体化教学模式的教学设计（见表2）。

在传统课堂教学模式下，6个教学任务的教学设计主要采用的是教师讲授为主的模式，以教师讲授基础概念、操作过程以及示范操作为主，学生以听、写、记录以及模仿为辅，整个过程教师主导课堂，课堂教学过程以教师为主，学生的学习评价以作业以及测验为主。

试验中我们采用翻转课堂教学模式，以任务为引领，通过学习准备、实操训练、阶段性反思、实操检验以及学习评价5个过程开展，翻转课堂模式下课堂

教学结构见表2所列:

表2 翻转课堂——工作任务引领教学设计

教学环节	教学内容	教学组织形式	教学方法	教学侧重点
学习准备	选取工作任务,准备好学习材料,上传教学资源库; 布置工作任务,小组领任务,分工收集材料	集中讲授 布置任务 分组准备	探究式学习 翻转课堂	工作任务的熟悉; 工作流程的了解; 工作方法技巧的掌握
实操训练	按实际工作流程、规范进行实操训练	分组或独立操作	学生操作 教师指导	工作场景准备; 知识流程运用; 方法与技巧
阶段性反思	操作过程中出现的问题	集中讲解或个别点评	引导式 启发式	工作环节操作注意事项
实操检验	对工作效果或结果进行检验	分组或独立完成	自检、互检; 教师、专家评定	工作作风; 责任与服务意识
学习评价	对学生的学习行为进行过程评价	分组或独立完成	自评、互评、师评	互动评价、反馈

教学环节,分别针对三类课程内容:知识应用类、技能实操类以及综合运用类知识点。在知识应用类型的教学设计上,以学生主动性学习为主,并通过课前布置相应的工作任务收集资料,在课堂中进行自主展示,小组之间开展互评为主。在技能实操类型的教学设计上,以学生实操训练为主,并通过课前布置相应的工作任务操作准备,在课堂中进行自主实操训练及工作过程演示,小组及教师进行相互反思、纠正,以多主体之间开展互评为主。

(三)组织课堂教学与评价、反思、修正

通过观察教师教学状态、课堂组织与调控;观察学生课堂表现;观察教学设施中教学目标与教材处理、教学结构以及教学方法与手段三方面进行系统的评价与反馈。

教学任务完成后,研究小组成员填写评议反馈表,评价反馈内容包括教学目标、教材处理、教学思路与课堂结构、教学手段和方法以及教学效果等,全面进行系统的反馈,并安排与执教教师进行会诊式研讨,剖析教学行为,并重点对教学效果进行探讨。

（四）课堂教学与学习效果分析

在课程结束后，我们向学生发放了100份调查问卷，了解学生对翻转课堂教学模式的态度以及对课程实施的意见和在传统课堂模式下的学习态度以及课程的建议。调查显示，大部分学生认为翻转课堂的教学模式能较好地调动学习的积极性以及参与程度，能让学生主动去学习，并且积极完成自己的工作任务，但是也有部分学生反映，在学习的过程中有个别组员懒惰的现象，以及滥竽充数的情况出现，但是整体较满意，同时还建议教师在课堂布置任务时尽可能多地提供学习资源，对学生的工作任务展示能进行较全面的点评，建议学校的网络资源能更加完善。在传统的模式下，学生反映主要是听教师讲课，主体作用和主动性没有较好地发挥，一半都是连贯的知识讲解加案例，对自己动手能力的培养效果较差，只会依葫芦画瓢，学习的积极性不大，课堂的参与度不高，学习热情不足。建议教师在课堂教学时多采取游戏形式，同时增加课堂的活力以及调动学生参与的积极性，这样能使学生学习起来更加有兴趣。

参考文献：

［1］张跃国，张渝江.透视"翻转课堂"［J］.中小学信息技术教育，2012（3）：9-10.

［2］王芳.翻转课堂，未来课堂教学模式［J］.中小学电教，2013（6）：20-21.

［3］李海龙，邓敏杰，梁存良.基于任务的翻转课堂教学模式设计与应用［J］.现代教育技术，2013（9）.

［4］陈怡，赵呈领.基于翻转课堂模式的教学设计及应用研究［J］.现代教育技术，2014（2）.

［5］刘锐，王海燕.基于微课的"翻转课堂"教学模式设计和实践［J］.现代教育技术，2014（5）.

（本文发表于《教育界》2016年第12期）

关于中职课程"房地产法规应用"的教学思考

执笔：詹锋

房地产法规应用课程是房地产营销与管理专业中职教育的专业核心课程。随着我国房地产业的高速发展，房地产开发企业、中介服务企业、估价企业、按揭企业等对行业人才的要求越来越高，要求从业人员既要懂经济、建筑，又要懂法律法规，而房地产业更受政府宏观调控影响较大，反映出"房地产法规应用"课程在房地产专业课程建设中的重要性。笔者对"房地产法规应用"课程教学内容与教学方法进行了总结与思考，以求更进一步提高授课质量，培养出能适应行业发展的房地产各类人才。

一、房地产法规应用课程的教学意义及教学目标

中职房地产营销与管理专业将房地产法规应用作为必修课程，这体现了房地产专业对房地产法课程的重视，折射出房地产行业受政策影响比较大，即使是西方发达国家，房地产业也是受政府干预比较多的部门。因此，了解现有的房地产法律法规，对未来走出校门从事与房地产相关工作的学子而言，意义重大。积极意义在于：维护自身的合法权益，合理规避政策风险，发现经营漏洞，提高学生在生活和学习中处理现实问题的能力，即在学习过程中了解房地产现行政策以及预测政策的变化，做出有利的经营决策，同时，了解我国房地产法现状与存在的问题，针对实际生活中产生的各种与房地产有关的问题或纠纷，可以根据所学房地产法原理做出判断并予以解决。

具体而言，房地产法规应用教学的目标主要有以下三方面：

（1）主要通过房地产法含义、特征、原则以及我国房地产立法过程等的讲解，使学生对房地产法有一个基本的认识。

（2）介绍房地产开发过程中各个环节具体的法律规定，并懂得法律的具体

运用及明晰法律风险的所在，涉及范围主要有土地出让，国有土地上房屋征收与补偿，房屋买卖、租赁、抵押，房地产估价，房地产赠予、继承，物业服务等方面的法律规定；会结合房地产业实际操作，通过法律工具找出问题、分析问题和解决问题。

（3）培养学生能够运用所学房地产法律知识、法律关系，更好地处理工作和生活中的法律问题。

二、房地产法课程教学特点

1. 以专业课为基础设计教学内容

根据课程教学目标，对房地产法规应用的教学内容有以下考虑：

（1）将中职第一学期到第三学期的"房地产基础知识""房地产经纪实务""房地产估价实务"等专业课程的内容简化，融入房地产法规应用课程中去。在课程设置上，以上提到的三门专业课先于房地产法规应用讲授，在房地产法规应用授课中，许多基本的概念如房地产、土地使用权、抵押、共同共有等都可以通过案例分析的方法去展示。但由于大部分的学生没有法律基础，因此会在授课中先复习案例中涉及的房地产专业知识，之后再详细向学生介绍有关法律的基本概念、原理等，如法律主体、法律关系、民法通则、合同法、物权法等基础知识，重要的是解释它们之间的联系，有利于学生随后学习案例分析、法规应用。

（2）按照整个房地产开发的过程设计教学计划。即从开发企业组建项目公司，通过拍卖取得土地使用权，其后以向商业银行抵押土地使用权来融资，再到房屋建设、验收、销售，最后到物业服务、组建业委会等，每一个环节都有不同的法律规定，都有其固有的操作特点和法律风险，按照开发过程去讲解便于学生理解。除了上述环节，其实房地产开发全过程涉及的环节还有很多，法律关系也相当复杂，在授课过程中要对有关的内容进行取舍，突出重点。

（3）在向学生们讲解房地产法律法规的基础上，有意识地指导学生独立思考问题的习惯，同时，让学生思考在现阶段法律法规中存在的问题如何去解决和进一步完善。改革开放以来，随着经济的发展，我国的房地产法律体系日趋完善，但我们依然可以看到，房地产法还有不少尚待解决的问题，如法律法规间的冲突，立法层次急需提高，部分法律内容过于简化、不合情理。经历了课程的学习，学生可以知道现阶段我国房地产法的情况，从而认真分析怎样去构建更加实用的房地产法律法规体系。

2. 从中职生学习特点出发运用多种教学方法

与其他专业课程相比，每节课都要向学生介绍不同的法律法规，房地产法规应用的教学内容是较为枯燥的。为调动学生的学习积极性，笔者运用了案例分析、课堂分组讨论、观看视频后分享以及律师以案说法等方式，大大提高了学生的学习兴趣。

（1）案例教学。大大小小的不同案例汇聚于每一个任务或专题，使学生们都试着用生活中接触过的经验、学过的法律知识去分析。案例教学是采取分组的形式进行的，即每个小组成员约为四至五人，课前将讨论资料打印好，分发给大家去准备。通过分析、讨论加深对每个案例涉及法律法规的认识。

（2）上课讨论。一定规模的上课讨论、分析贯穿整个教学过程，如对于某个概念、原理或有关的案例，让学生先说出个人的见解，再由任课教师归纳总结。又如在讲解房屋抵押时候，碰巧是汶川地震发生后不久，社会上在热烈讨论灾区损坏的房屋的产权人应否继续向借款的商业银行归还贷款的事情，于是将这个真实案例展示在课堂上，同时列举了相关的法律法规和条文，学生们也各抒己见、集思广益，学到了不少法律知识。如果是大的课堂分组讨论，那就要学生动手制作幻灯片配合讲解了。这种通过课后自己查询相关资料，上课展示和讨论，分组进行讨论分析的教学方法，使学生们更好地了解问题、分析问题，也提高了表达能力。

（3）观看视频。在分析某一个法律任务时，可以提前将准备好的案例视频播放出来，使学生有一个较为直观的认识，同时，可以增加他们的理性认识，更能活跃上课的气氛。教学的视频必须贴合实际生活和学习，勤于更换，不用年深日久的视频，要与时俱进。

（4）创造机会去法院旁听。让学生迈出课堂，设身处地在法庭看到法官的审判、律师的辩护，体会到在上课时候枯燥无味的法律法规在法庭上竟成了强有力的依据。从法庭回来后让学生针对案件进行分享。

（5）律师、企业法律人士的现身说法。邀请律师、企业法律人士和法律顾问来到课堂，他们通过各自办案的经历，生动地分析了相关的法律问题，以及讲解法律与现实操作间的差距，让学生们知道房地产法律的另一面。

三、教学中遇到的问题与课程未来建设的思考

为了在未来能更好地提高教学质量，通过自身授课中遇到的问题以及学生的反馈，我认为房地产法教学应在以下几个方面进行改进。

1. 课时的安排

房地产行业是极受政策影响的行业，学习房地产法律法规和相关政策对房地产专业的学生尤为重要。如果课程学时为每周两个学时的话，很难在短期内将如此浩瀚的房地产法律体系完整展现，充其量只能是蜻蜓点水或只讲重点章节，更缺乏足够的学时去讲解及进行上课探讨分析。所以，学时应增加为每周四至六个学时，此举有利于提高房地产法规应用课程的学习效果。

2. 教学视频的收集或制作

除了利用网络资源下载、书店购买或图书馆查询等方法，还可以调动学生的积极性。例如让他们演绎某些案例，如物业服务中的业主收楼、买卖双方由于合同纠纷而做的调解、业主大会开会选举代表等。

3. 资金的投入

总体来说，专任教师普通形式的授课并不需要资金的使用，但如果采取创新形式、用多种教学形式去教学的话，如移动课程、在外参观、邀请律师或专业人士来分享、访谈会等，就需一定的资金支持。从学校的长期发展角度分析，如果仅仅依靠任课教师自身的资源是难以为继的，也不利于教学形式的安排，建议由学校、房地产中介行业协会或房地产开发公司、中介公司等组织建立对实践教学环节资助的体制。

另外，房地产法规应用课程还有一个特点，现阶段，国家政府对房地产的宏观调控层出不穷，如限购限贷和广州珠江新城区域的限售，相关的政策又时常变化，需要在教学过程中对房地产政策的新动向精准掌握，所以需要更多的备课时间和寻找适合的案例材料。

综上所述，"房地产法规应用"课程有其自身的教学特色，展望未来，希望通过宏观教学环境的进一步改善、个人教学水平的持续提高，使该门课程成

为中职学校房地产营销与管理专业的精品课程，让学生们能真正受益，取长补短、学有所成。怎样去改进房地产法规应用课程的教学，提高教学效率，还是一个有待探索的过程，以上仅仅是我个人的一点想法和浅见。以生为本、就业作为指导，是中职教育的宗旨和基础，在教学中不断改进教学方法、运用更科学的手段，是房地产管理教学部全体专任教师不懈的追求。

参考文献：

［1］符启林.房地产法［M］.北京：法律出版社，2004.

［2］王进.房地产法焦点难点指引［M］.北京：中国法制出版社，2008.

［3］王功慧.土地法焦点难点指引［M］.北京：中国法制出版社，2008.

（本文发表于《科教导刊》2012年第36期）

对中职教学信息化的思考

执笔：刘鹏　彭玉蓉

一、引言

最近一件小事，引起我极大的震撼。我们学校一个实习不到一年的学生，给老师发送了一个布局精美，动画劲炫的演示文稿，比老师制作的还要好。而这个学生在出去实习之前还不太会使用邮箱，上传文件都需要帮助，转变之大，令人惊叹，引发了我对中职教学信息化的深入思考。

二、问题与对策

教学信息化的必要性是毋庸置疑的。如果有，几个客观的现实就可以有力地击倒这种置疑。一是信息正爆炸式增长，且绝大部分都是以数字化的方式存在并传播。要想从这些信息中获取想要的部分，就必须使用信息技术手段。二是社会信息技术手段的日新月异，已经完全覆盖了人们生活的方方面面，它逐渐成为人们生活的一种基本方式。从数字化到网络化，到今天的移动智能化，人们无法想象没有互联网和手机的生活会是多么无助。"一机在手，天下我有""卖红薯的都扫描二维码付费"可以作为社会信息化的标志性现象。三是人们的阅读和学习习惯受到互联网的影响，已经向移动、碎片化、数字化转移。让学生学会基本的生活和生产技能，是教育的一个基本目标，教学信息化也成了应有之义。

尽管我们有这些理由，但是教育的信息化却步履蹒跚。从20世纪60年代在日本最先出现"信息化"一词后，到1993年美国克林顿政府正式提出建设"信息高速公路"，直至目前的全面信息化，信息技术几乎已经改变了我们的一切。而令人惊奇的是，信息技术对教育生产力的提升却是可有可无，仅仅停留在手段方法的应用，甚而出现了著名的乔布斯之问：为什么计算机改变了几乎所有的领域，却唯独对学校教育的影响小得令人吃惊。

1997年后，我国教育信息化取得了一定发展，出现了校校通、班班通、智慧校园、智慧课室等，但是绝大部分使用率很低，使用的有效性更是无法评价。中等职业学校作为中国教育的弱势部分，教学信息化更是令人忧心。即使在沿海发达地区，信息化教学也不是主流大餐，仅仅是一些佐料而已。经过调查和了解，在实施教学信息化的过程中，还有诸多问题亟待解决。

1. 信息技术的选用

子曰："知之者不如好之者，好之者不如乐之者。"在中等职业学校，提高教学有效性的第一前提就是能够有效激发学生的学习兴趣。没有兴趣，所有的一切都是缘木求鱼，竹篮打水一场空。在教学实践中，使用一些信息化教学手段，不一定能收到意想的效果。在某一堂课中，教学流程如下：教师建立微信公众号平台—教师利用公众号布置学习任务—学生学习课前资料（包括微视频、图文信息等）—学生使用简单的户型软件设计常见的户型平面图（教师公众号发布软件使用手册，微信在线辅导交流）—学生发布户型图并参加在线投票（海选最美户型）—专家连线（实习的师兄师姐在线推介户型经验）—课堂宣讲户型和挑刺（学生演示PPT，展示户型，其他学生在宣讲后可以挑刺户型的缺点）—在线投票（可以使用微弹幕在屏幕上发布有关户型的评论）—统计并公布投票结果—课堂反馈（填写网页问卷）—课堂总结并布置课后作业（作业：修改自己的户型并发布到网上，让更多人来参加投票）。在这一系列的教学流程中，还是使用了较多的信息技术，和学生的生活工作相关度也比较高，但是从教学实践来看，学生响应不积极，唯一一个比较有兴趣的就是发布弹幕。从课程后续的课堂反馈情况来看，原因有三：一是很多学生对新的信息技术还是不太"感冒"，不太愿意去尝试，教学信息化变成了教师的一厢情愿；二是有些学生认为，这些信息技术需要花费较多的时间去学习和使用，所以他们不想用；三是没有学习这些信息技术的压力，没有工作后解决实际问题的紧迫感，所以缺乏主动性。由此可以看出，信息技术的选择已经严重影响到教学，所以我们根据这些反馈意见，在教学实践中反复试验，得到几个小经验：一是教学信息技术手段不要过多；二是使用一些奖惩措施；三是教学信息技术手段不能太复杂；四是尽量贴近生活和工作；五是在学习信息技术方面多提供一些优秀案例，吸引学生主动去学。

2. 教学模式的选择

教学信息化提供了一种新的教学方式和环境，需要相应的教学模式才能发挥出其优势。国内对于信息化教学模式已经有了一些研究，其中系统介绍信息化教学模式研究的有北京师范大学林书兵和华南师范大学张倩苇的论文《我国信息化教学模式的20年研究述评：借鉴、变革与创新》，文中介绍了国内多位专家根据不同的维度对信息化教学模式进行了分类，其中比较常见的分类有：按照教学组织形式和教学过程可以分为个别辅导类、情景模拟类、调查研究类、课堂督导类、远程授导类、合作学习类、学习工具类、集成系统类；根据信息化教学模式在课程的应用中的主要着眼点可以分为：基于问题的教学模式、基于项目的教学模式、基于案例的教学模式、基于资源的教学模式等。

在中职实践教学中，也尝试使用多种教学模式，如基于问题的教学模式、基于项目的教学模式、情境教学模式等，特别是在建构主义的影响下，从传统的以教师为中心的引导型模式向以学生为中心探究式教学模式转变。通过一系列教学实践，发现符合中职的教学模式既不是以教师为中心，也不是以学生为中心，而是"教学并重"的混合型教学模式。为什么是这种模式呢？经过对师生的反馈调研，综合分析后发现有这几个方面的原因：

（1）中职学生的知识基础和信息技术基础相对薄弱，无法完全独立使用信息技术完成相应的任务，但同时学生又不喜欢教师总是唠唠叨叨的指点，因此学生希望教师在布置好任务或者设计活动后，只在需要的时候出现。例如利用软件设计简单的户型，学生希望有统一的讲解，但同时又希望自己有比较多的学习时间，如果碰到问题，希望教师可以迅速帮助解决。这种情况下，需要把户型设计任务再分解，如先构建基本平面布局（几房几厅），再内部装修，放置家具家电等，教师讲一部分，学生做一部分，做的时候教师进行指导或者学生之间相互学习。

（2）中职生学习习惯相对较差，探究式教学模式或其他的以自主性学习为主的模式会显得过于松散，学习的效率很低，缺乏积极性，而传统模式无法激发学生的学习兴趣和积极性。对于以教师为主的引导模式的特点已经研究很多了，不再一一细说。探究式模式除了要求学生有较好的基础之外，还要求学生有较高的兴趣和良好的学习习惯（自制力）。在教学实践中，较多学生在规定的时间内无法完成任务，同时也不向他人寻求帮助。即使采用分组的形式，也会出现好学生包揽几乎所有的工作，而后进生无所事事。所以，教师的管控和引导就显得比较重要，通过纪律管理和奖惩措施，使得学生不得不完成一些工作或任务，融入课堂教学。

（3）传统的引导模式更多的是师生交流，建构主义的探究模式（或类似模式）更多的是生生交流，而课堂教学要实现的是学生与学生之间、教师与学生之间都畅通的交流，这才是师生共同的活动。混合型的教学模式在国际上的研究也不是很深入，北京师范大学的何克抗教授在其论文《对美国信息技术与课程整合理论的分析思考和新整合理论的建构》中，介绍了混合型的教学，其中也明确指出了目前的研究还很薄弱，也不深入。但是很多教育专家已经意识到了建构主义的探究模式也有其缺点，传统模式也有其可取之处。在中职的教学实践中，学生希望教师关注，又不希望教师关注太多；学生希望自己可以多动手，又需要教师提供一定的引导和帮助的客观现实倒是比较符合混合型的教学模式。

混合型的教学模式能够平衡兼顾，通过教师的引导去激发学生的创造力，通过教师的监控去培育学生的学习习惯和职业素养，通过师生、生生之间的多向交流促进教师和学生的共同发展。只是在教学理论上，还没有形成一套系统和科学的体系，需要更多理论和实践探究。当然，教学信息化的教学模式选择，不是唯一和固定不变的，混合型的教学模式也不会是唯一和十全十美。其应用和发展还需要更多人去研究，在教学实践中不断完善。

3. 客观制约因素如何解决

经过多年的推动和建设，我们的校园信息化水平不断提升，但是在实际应用中却还是有诸多客观因素制约教学信息化。即使在沿海发达地区甚至一线城市，这些制约因素也存在了很长的时间，并且还存在着。这些因素，可以概况为三个方面：

（1）基础设施不完善。这个不完善是相对的，不是没有，而是离真正使用还有一段较大的差距。例如网速，很多学校已经建成校校通、班班通、智慧校园、移动校园等等，但是一上网，连网页都无法打开，如何进入下一步的教学信息化？

（2）学生信息技术水平有限。中职生在刚进入中职学习时，一般会用手机，但是使用电脑的能力较差。即使是使用手机也仅仅局限于微信、QQ等即时交流的软件或者游戏软件、浏览器，对其他的应用几乎一无所知，最常见的就是不会使用文字处理软件和收发邮件。

（3）教师信息技术水平无法满足信息化教学的要求。从前面一系列的分析来看，教师在整个信息化教学中处于非常关键的地位，既要提供教学的资源素材（制作或者收集），又要指导学生使用信息技术，引导学生按照要求完成任务，还要监控学生的学习情况，评价考核学生。教师在信息化教学中，作用不是减弱了，而是大大加强了[①]。在信息化教学中，对教师而言，最难的是使用信息化技术。一方面，大部分教师不是信息技术方面的专家，对信息技术手段接触不多，要娴熟地运用到课堂当中，十分困难。另一方面，学习这些技术，需要花费很多的时间和精力，很多教师，特别是年龄较大的教师和担任班主任工作的教师，显得尤为力不从心。

如何破除这些制约？一个基本的原则是立足现实，化整为零，逐步发展。

基础设施方面，在有限的资金中，首先完善最迫切、最实用的设施。资金永远是有限的，在中职的信息化教学中，不是跟随潮流，把资金堆积在一些过于先进，目前还无法使用的设施设备上，而是尽量整合目前的设施设备，使之成套化、系统化，在教学的日常中可以应用才是最为实在和紧迫的。

针对学生信息化水平较低的情况，不能过于急躁，急于求成反而于事无补。这种情况不是天然的无法改变的缺陷，通过教学和学生的努力还是可以改变的。一个办法是在课程中多使用信息技术，用得多了，学生也就慢慢地熟练起来，学生熟练了，就会增加兴趣。还可以尽量实现课程教学的真实情景化，按照实际工作的要求来教学，按照岗位职责要求来考核，强化学生使用信息技

---

① 山西大学的宋卫华在《信息化课堂教学中教师的主要角色》中对信息化教学中教师的职能进行了总结，达6种之多。

术的意识，从而提高学生使用信息技术的自主性，进而提高使用的水平。

相对而言，教师的信息化技术水平在信息化教学中处于中心的地位，但是要解决却任重而道远。当然，我们不能望难而却步。一个比较有效的途径是：以赛促教。教师可以参加一系列的信息化教学比赛，如微课大赛、录课大赛、教学课件大赛、教学软件设计大赛等。虽然这些比赛要花费较多的时间，并且不一定会获得成果（奖励），但是教师在参赛的过程中会学习到相当多的信息技术。在参赛的压力下，学习的动力相当强劲，学习的效果也非常好。在教师熟悉使用后，就会慢慢地迁移到日常的教学中，从而逐步实现日常教学信息化。另外一个比较好的方式是通过加强校企合作，加强教师的专业学习。企业对信息化的应用比学校要广泛深入得多，对信息化的新技术也要更加敏感，也更贴近行业的发展要求。在校企合作的过程中，通过教师到企业学习和参加实践，促使教师学习新的信息技术，从而提高教师的信息化技术水平。

三、结语

教学信息化是中职学校面临的一个艰巨的任务，但是如果可以战胜这个困难，职业教育会取得长足的进步。教育部在2014年发布的《现代职业教育体系建设规划（2014—2020年）》中明确指出："随着新型工业化的推进和科学技术的发展，现代职业教育体系越来越成为国家竞争力的重要支撑。特别是国际金融危机以来，美、欧、日、俄、印等国家和地区都将完善现代职业教育体系作为增强国家竞争力特别是发展实体经济的战略选择，力求在新一轮国际竞争中建立巩固的、可持续的人才和技术竞争优势。"同时也提出了信息化建设的目标，到2020年职业院校校园网覆盖率和数字化资源专业覆盖率都要达到100%。从《现代职业教育体系建设规划（2014—2020年）》中，可以看出这也是中职学校发展的一个难得机遇。作为一线教师，应该从实际出发，增强信息化教学的意识，不断学习提高信息化技术水平，在已有的条件下，逐步加强课堂教学的信息化，从而实现学校与社会的信息化衔接，使得职业教育也可以站在信息化的潮头，为中国梦的实现提供更加具有创造力的现代信息技术人才。

参考文献：

[1] 何克抗.迎接教育信息化发展新阶段的挑战[J].中国电化教育，2006（8）：5-11.

[2] 何克抗.信息技术与课程深层次整合的理论与方法[J].电化教育研究，2005（1）：7-15.

[3] 杨晓宏，梁丽.全面解读教育信息化[J].电化教育研究，2005（1）：27-33.

[4] 林书兵，张倩苇.我国信息化教学模式的20年研究述评：借鉴、变革与创新[J].中国电化教育，2015（9）：103-109.

[5] 何克抗.对美国信息技术与课程整合理论的分析思考和新整合理论的建构[J].中国电化教育，2008（7）：1-9.

[6] 宋卫华.信息化课堂教学中教师的主要角色[J].山西高等学校社会科学学报，2004（7）：113-115.

（本文发表于《考试周刊》2017年第53期）

日常教学与课程开发结合存在的问题及建议

执笔：窦方　彭玉蓉

上好一节课容易，上好一门课很难。在日常教学中，教师更多的是重视课堂教学设计，重视的是如何上好一堂课，很少有系统地审视和开发整个课程。教师们都是这个星期备好下个星期的课，下个星期再备好下下个星期的课，如此往复。即使临近退休，上了很多节优秀的课，但还是没有完整地开发出一门课程体系，没有一门自己拿得出手的课程，不能不说是一种遗憾。在中职教学中，专业课程因为专业和实际工作的变化，课程设置、课程内容、技能点会随之变化，每个年级、每个班级的学生有差异，就需要根据学情和外部环境变化不停地备课，如果课程本身没有系统地开发设计，备课的压力和效果可想而知。这种备课，经常出现学生没有获得感，教师却有疲惫感的情况。要提高中职专业课程教学的整体效果，促进日常教学和课程开发的结合就显得非常必要。

课程开发是决定改进课程的整个活动和过程，它包括确定目标、选择和组织内容、实施和评价等。从课程开发的内涵我们可以看出，课程开发和日常教学是息息相关，密不可分的。

一、课程开发是日常教学的前提和基础

任何一门课程，如果没有课程开发，就无法实施课程教学。在职业学校，专业课程开发就是根据培养目标（通过就业岗位任务分析得出），对教学内容、教学组织、教学手段的选择、教学评价等进行设计和安排。这是实施日常教学的基础，确立了日常教学的基本内容、方向和评价标准。在课程开发的教学实施环节，通过教学实验对这些内容进行检验，进而再进行修改和调整，从而适用于课程教学。课程开发编写的教材、学材、拓展学习资料、课件、视频等资源，更是日常教学之所需。

二、日常教学为课程开发提供了条件

课程开发是一个连续的、动态的活动，日常教学是课程开发的试验田。课程开发不是纸上谈兵，需要从实际的学情、教学条件、社会环境、就业岗位等不断变化的因素出发，通过日常教学来检验和反馈，从而根据变化不断做出调整。例如现在的信息化教学手段的采用，特别是移动通信端，对课程学习产生了很大的影响，学习不仅仅是在课堂上，也不仅仅是纸质的各种资料，学生可以利用手机通过电子文档、图片、视频、软件等各种形式随时随地的学习。这就要求课程需要根据新的教学条件和要求进行调整，课程需要重新开发。

三、课程开发和日常教学能否成功，关键是教师

作为日常课堂教学的设计者和指挥者，教师的关键性是毋庸置疑的。同样，课程开发中，教师既了解学生，又是开发课程的主力。教师通过日常教学，能够清楚地了解学生学习中的困难和需要，进而可以通过课程开发去解决。

课程开发与日常教学相辅相成，不可或缺。课程开发是日常教学的基础，日常教学又是课程开发的必要条件。有了好的课程开发，日常教学就成功了一半，日常教学又为课程开发提供了真实可靠的研究资料。因此，日常教学和课程开发是紧密联系，相互作用的。

但是，实际中课程开发和日常教学关系不太融洽，体现在以下四个方面：

（1）把课程开发和日常教学割裂开来。课程开发作为一个研究项目，是课程专家的领地。日常教学作为学校的正常工作，是教师的一亩三分地。二者之间没有太多的联系，偶尔也有课程开发的研讨会，但是专家的意见是主流，教师的意见是补充。至于对教学实施的调查反馈，大体上是走走过场，流于形式。

（2）把课程开发仅仅看成某个阶段的工作。一般情况下，在设置新的课程时，才会进行课程开发，开发完成后，课程开发就退出了。或者是当一门课程已经很多年没有变化了，实在用不下去了，课程开发才会提起来。如此，课程开发只是某个阶段的工作，甚至和日常教学没有太大的联系，二者不会出现在同一个时间段，即使是课程开发的实施阶段，所采用的教学方法和教学组织等

和日常教学也是有很大的差别的。

（3）教师的日常教学缺乏课程开发的思维。教师们往往聚焦于一堂堂具体的课，没有从课程开发的角度思考这堂课应该上什么，怎么上，在课程中有什么作用。这种情况，往往会导致课程的知识和技能没有系统性，成为一个个相互独立的点，而不是一个有机整体。对学生技能的系统性训练，特别是职业素养的培养是非常不利的。学生更多关注一个个的知识点、技能点，而没有整体的思维开发、方法学习、习惯养成。

（4）课程开发不全面、具体、深入。课程开发过程中，专家往往聚焦于大的框架的搭建，其他的让教师去填充、发挥。诚然，这种方式给教师很大的发挥空间，可以促进教师的主动性。但是由于教师的水平、经验、知识结构等各不相同，因此在课程教学中差异比相似多。而实际是，课程应该大体上相同，教师只是个别补充和调整。同时，因为课程开发没有完整的配套资料，包括课件、视频、练习、任务指导书等一系列的素材和资源，教师在日常教学中想要完成这些是十分困难的。教师如果总是不停地备课，质量定然不高。因为这种备课是断断续续、突发奇想，而不是经过系统长期的思考和准备。如果其他工作（如班主任工作）影响因素多，质量更是堪忧。

问题是客观存在的，但是不是无法解决的。只要我们努力促进课程开发和日常教学的结合，就能实现堂堂课精彩，门门课程精彩。具体建议如下。

1. 教师必须树立课程开发的理念

教师作为课程开发和日常教学的关键，既要做日常教学的指挥家，又要做课程开发的研究员。在课程开发的过程中，要始终坚持日常教学的实用性，通过教学实践来检验课程的设计。没有经过日常教学实验的，不能作为课程开发的成果。同样，在日常教学中，要带着研究的思维，通过观察、调研、反馈等多种方式收集课程教学的实时动态数据，为课程开发提供依据和参考。并且，在日常教学中，要注意从课程开发的角度来选择教学内容、实施教学组织、进行教学考核等活动，注意课程内容之间的纵向联系以及与关联课程内容横向联系。

教师积极参与课程开发，对教师本身也是有很大的益处的。首先可以让教师熟悉课程开发的流程，了解课程开发的各项工作，学会课程开发，从而为在日常教学中展开持续课程开发打好基础。其次课程开发要求教师积极了解行业或者工作的实际需要，学习工作技能。教师主要的精力在教学，与实际工作总是有些脱节的，通过课程开发引导促进教师了解工作，提高自己的职业技能。再次，课程开发也可以让教师拓宽视野。一方面通过开发，教师可以有机会通过考察、学习等接触更多课程和教学理念；另一方面可以了解其他相关课程的内容，从而对开发课程的地位和作用有更深的了解。

2. 从提高日常教学效果出发，深入全面地进行课程开发

深入全面地进行课程开发就是要尽量把课程需要的各种资料编写完整，课程环节优化设计，课程评价明确清晰，做到每堂课都有设计，都有齐备的学材和教材。在开发课程的时候，也要注意几个原则。

首先要注意标准化。所谓标准化，是教学内容或者技能点和考核评价的标准化。教学内容或者技能点通过分析实际工作任务来确定，与教师无关。因此无论是哪个教师上课，课程的内容或者技能点基本是不变的。但是教师可以根据课程教学中学生的反馈情况在教学内容的顺序、教学方法、组织上进行调整。另外一个就是考核评价的标准化。在实际教学中，基本趋向于教师评价为主的方式。但是在课程开始之前或者教学内容学习之前，教师往往没有告知学生具体的考核评价标准，没有一个引导学生学习的导向，学生对考核的成绩也会有所非议。如果确定了学习的内容或者技能点，再辅助考核评价的导向作用，学生学习的目标性就会加强，学习的进步更加容易显现，学习的积极性会提高，学习的效果自然就上来了。

其次要注意系统化。所谓系统化就是需要教师注意课程教学的横向和纵向联系。纵向联系主要是在课程本身的前后内容之间，横向联系主要是与相关课程之间。学生的学习是一个循序渐进、循环往复的过程。例如，第一章学习的内容在第二章学习的过程中注意联系巩固一下，第三章的内容可以在第二章提前做一些铺垫，温故知新，提前导入。同时，也可以注意课程内容之间的相互联系，对比学习（相反或相似），联想学习，从而可以提高学生的综合学习效果。例如，"房地产基础知识"课程中户型学习时可以复习层高、得房率等专业术语，也可以拓展下户型的发展历史，提及后续要学习的土地的相关内容。横向联系，简单来说，就是让学生不仅仅是学习这门课程的内容，也可以接触和了解其他内容，拓展知识，开阔视野，激发思维。比如在专业课程中，加入

一部分与职业规划有关的内容，让学生在了解专业的基础上，了解工作，了解行业，从而对自己的职业发展有所规划。我们还可以在户型学习中，拓展户型选择与家庭人口的关系，以及国外户型的特点，从而拓宽学生的视野，引导学生对横向和纵向知识的思考和联系。

最后要注意科学化。科学化主要包括两个方面：

（1）科学化要求教学内容是学生后续学习或者工作需要的。有些教学内容已经不是那么重要了或者已经淘汰了，就要大刀阔斧地裁掉或替换。这就需要教师在日常教学中，注意和行业相联系，从而在日常教学中根据行业的变化做出调整，对教学内容或者技能点进行开发。

（2）科学化要求教学要适应现有的教学条件，适应学情。现在有很多先进的教学理念，如幕课、微课、翻转课堂等，这些不是说不好，而是一定要适合课程，适合现有的教学条件，适合学情。有些知识性内容，适合学生通过练习来熟练，我们就选择习题练习；有些拓展性的知识，可以通过小组合作完成报告的方式来掌握，我们就让学生小组团队合作探究；有些实操性的技能点，视频演示更加清楚有效，我们就可以使用线上演示和实操模拟结合的方式来学习。一切从实际出发，从日常教学实践出发。

3. 坚持在日常教学中完善课程开发

在日常教学中，教师多注意课堂教学的情况，多收集学生对课程教学的反馈意见。根据反馈对课程教学进行调整，有些学生不适应或者实施效果差的部分要重新思考设计。学期末一定要进行整个课程的总结和梳理，延续地进行课程开发。另外一个方面是，在课程面临重大变化，或者两到三年的时间内组织多位同课程教学的教师集中对课程教学进行研讨，就其中发现的问题找出解决的方案，对课程再次开发，并完善相关资料的编写。

最好的情况是，一个教师在一段稍长时间内（三五年）专心于一门课程教学与开发，在前期开发的基础上，通过教学实践，根据学生的反馈、形势的变化不断完善，从而实现不仅每堂课精彩，整个课程也非常丰富多彩，如此，既可以大大提高课程教学的质量，也可以大大降低课程教学的压力，减少教师备课的工作量。

总之，教学无止境，改革不停步。让学生有更多获得感，让教师有更强成就感，是我们不懈努力的目标。课程开发和日常教学都是教学的主要工作，二者都对教学效果产生重要的影响，二者相辅相成，紧密联系。我们在课程开发上要依赖日常教学，理论联系实际；同样，日常教学需要持续的课程开发支撑，实践需要理论的指导。作为教师，我们既要努力在课程开发上锻炼科研能力，也要在日常教学中磨砺教学水平，让职业教育为实现中华民族伟大复兴的中国梦培育高素质的技能型人才做出贡献。

参考文献：

［1］傅建明.校本课程开发与教师专业发展［J］.教育发展研究，2002（5）.

［2］钟启泉.课程开发基础［M］.济南：山东教育出版社，2000.

［3］商宪春，谭诤.校本课程开发研究的回顾与反思［J］.现代教育科学，2016（12）.

［4］张建国.我国职教课程开发模式的演变及启示［J］.职教论坛，2007（4）.

［5］叶波，范蔚.课程改革十年：校本课程开发的进展、问题与展望［J］.教育科学研究，2012（4）.

（本文发表于《现代职业教育》2019年第2期）

真实性学生评价在任务引领型课程中的
应用研究

——以房地产经纪实务课程为例

执笔：黄常运　彭玉蓉

学生评价是学校教育评价的核心，是对学生学习过程与行为变化的评价。从根本上讲，学生评价是价值判断活动，由于教育价值观的存在，它规定着学生评价内容的选择、方法的运用等，这样就相应地形成了不同的学生评价模式。长期以来，我们对学生学业的评价主要以学生的学业分数作为评价的主要标准，重视终结性评价，而在教育部印发的《中等职业教育改革创新行动计划（2010—2012年）》的通知中，党中央国务院再次强调，职业教育的根本目的是让人学会技能和本领，能够就业，成为有用之才；在"改革创新目标"中更是明确提出，扎实推进评价考核制度改革，突出学生职业道德、职业技能和职业素养的考核内容，探索学生综合素质的多种评价方式。因此，新的学生评价观应该凸显评价的发展性功能，强调评价主体的互动和参与、评价内容与方式的多元性及过程的动态性等。这就要求我们积极树立新的评价标准和观念，适应新型职业教育的需要。

真实性学生评价是学生显性能力和隐性能力的评价代表，它具有表现性评价的目标，具有形成性评价的动态性，又具有总结性评价的互补优势。真实性学生评价不仅代表评价的发展趋势，同时也是各种评价有效的整合，而具体到任务引领型课程中，真实性学生评价则显得尤为契合和重要。

一、真实性学生评价的含义

真实性学生评价是学生评价的一种方式，兴起于20世纪80年代末的美国，但其概念目前并没有统一的界定。本文主要采用Kathleen Montgomery给真实性评价下的定义，即所谓的真实性学生评价是教师让学生完成一系列真实性任务，或在模拟真实的情境中给学生以解决实际问题的任务，用以考查学生知识和技能的掌握程度，以及实践、解决问题、交流合作、批判性思考等多种复杂能力的发展状况。

与传统测试性评价不同，真实性学生评价所关注的不只是技能的发展，同时还包含文化、情感以及品德等各方面职业能力养成等的内容，评价不只注重结果，而是更多地关注学习和成长过程，它是一种直接评价方式。真实性评价由于强调任务的情境化、整体化，对总任务引领型课程评价方式的选择具有很大的启示。也就是说，真实性学生评价是多元评价，其多元表现为评价标准的多元、评价内容的多元、评价方式的多元以及评价结果使用的多元。因此，作者认为真实性学生评价应是任务表现性评价、能力形成性评价与成果总结性评价的综合。

二、任务引领型课程和真实性学生评价的紧密关系

任务引领型课程是指按照工作任务的相关性进行课程设置，以工作岗位的实际情况进行选取或设计课程内容，以工作形式或岗位职能为中心选择和组织课程，最终以相对完整的工作任务为中心引领知识、技能和态度，让学生在完成工作任务的过程中学习相关理论知识，发展学生的综合职业能力。工作任务需要根据工作岗位的实际情况进行选取或设计，从而在实际的教学中以理实一体化的模式，通过创设与工作任务相近的学习内容、与工作环境相近的上课实训场地，并以完成一个相对完整的工作任务的过程为培养学生和评价学生的载体，评价不只重视完成任务的结果，同时也关注学生表现出来的各种参与性的能力，更重视在这个过程中学生无形中形成的一些非技能性的素质能力。

而真实性评价的目的在于评价学生在真实情景中各种能力的运用情况，即在真实的学习任务和项目学习中应用所学的知识、技能，它不是鼓励学生去死

记硬背，而更多的关注学生的分析能力、综合所学知识的能力、与他人合作的能力以及书面或口头表达能力等，用学生所完成学习任务的过程和成果等多种途径来评价其学习效果。在不同的学习任务阶段和学习情境中，真实性评价可以采取多元的评价方法，对于一些学习目标的达成来说，考核或测试也许是最为真实的评价，而对于另一些学习目标的达成来说，要想达到真实性评价的目的，可能需要采用特别的评价方式。因此，真实性评价根据学习任务的不同，学习阶段的不同，能力要求的不同，学习情境的不同创造性地设计评价标准，达到学生评价的科学性、真实生、全面性，从而促进学生各方面能力的均衡发展。

三、真实性学生评价在课程中的应用研究

归根结底，无论再好的评价方法其最终的落脚点都在教学过程中，现笔者以"房地产经纪实务"课程中的"区域房地产市场情况调查"内容为例进行阐述。

"房地产经纪实务"是房地产经营与估价专业的一门专业核心课程，以培养学生房地产经纪的职业技能和良好的职业素养为目标，教学内容以房地产经纪岗位群的实际工作内容为基础，将工作内容转化为教学项目，每个项目以工作任务为引领，突出对学生职业能力和职业素养的培养，满足学生职业生涯发展的需要，并力求符合行业规范与职业标准。而二手房买卖居间是本课程的核心内容，要求学生最终学会二手房买卖全过程的相关专业、技能、情感等各方面的综合能力，其主要子任务体现在市场调查、客户接待、配对看房、三方洽谈、过户登记、售后服务等几个学习环节。而"市场调查"内容是完成本次学习任务的基础，更是学生从课堂走入社会、理论知识与实践相结合的一个学习环节，具体操作的步骤为：

（1）确定学习目标，熟悉市内某区域的房地产市场情况。

（2）根据学习目标，教师和学生可以共同进行任务设计，确定学习任务。要求学生根据自行选中的区域地段，到达地段现场进行房地产市场调查，并熟悉区域的各类详细情况，包括地段道路系统、楼盘系统、配套系统等。

（3）把学生分成若干小组，让他们互相合作，完成前期任务，如锁定指定

区域、制订调查路线、准备调查工具等。

（4）把学生分成若干小组，根据抽中区域，到地段现场进行实地调查，主要内容有：道路名称（调查范围、规划规律、特色特点等）、区域内代表性楼盘（定位目标、设计特点、居住文化等）、配套设施（商业、生活、公共、教育、交通等）。

（5）以个人为单位完成区域房地产市场情况分布图，以PPT形式完成本次学习任务全过程、各环节的工作思路、形式、方法、成果、收获的汇报。

针对此次学习任务，真实性评价可从三个方面进行操作：

（1）表现性评价。表现性评价是指对学生各个阶段的表现作评价，包括对任务各环节所展示出来的主观能动、个人情感、心理变化过程、排解疑难和解决问题等方面的能力等。学生在完成真实性任务的过程中，不仅要知道完成任务需要哪些知识和技能，而且还必须针对具体的问题进行梳理和综合，正确运用到真实的任务情境中去。例如本次任务中，都需要有一定的实践能力，包括通过网络完成区域定位，通过合作完成线路规划，通过实地调查收集多方面信息，通过寻找资源配合完成分布图及PPT。作为评价者，在学生未出成果之前，需要制定相应的表现性评价细则，在整个过程中完成学生个人的表现性评价，这个评价与成果的体现无直接关系。

（2）形成性评价。形成性评价是指教师在指导学生完成一项具体的学习任务的过程中，通过任务各个环节的学习或实践，通过完成相关的任务并在潜移默化的过程中、在技能养成过程中形成学生的职业素养能力，评价者对此种无意识中形成的能力的一种评价方式。中职房管专业的学生能力，主要包括职业道德、职业思想（意识）、职业行为习惯、职业技能四个方面。其中，前三项是职业素养中最基础的部分，而职业技能仅是职业素养的表象内容，职业技能可以通过学习、培训、实践去获得，而职业道德、思想、行为习惯等方面的素质能力则需要教育积累以及过程体现。而在"房地产区域市场调查"中，通过实地调查可以培养学生吃苦耐劳的敬业精神；通过分组合作、共同调查可以培养学生的团队意识；通过绘制区域分布图培养学生的诚信意识；通过个人成果汇报培养学生的职业素养等。而完成以上任务，形成以上素质能力都不一定能完全体现在最终的作业或是任务成果上，而是在完成任务的过程中已经体现完成，所以针对此类意识层面的内容，抽象并相对隐性的能力则更多需要形成性的评价方法。作为评价者的教师应该参与整个任务过程，或作为评价任务和标准的设计者，或作为评价活动的组织者，或作为评价结果的记录者，这些过程都能确保学生特定的职业素养的养成与评价的真实性有直接的关系，同时更能全面地评价一位学生，更能关注到学生隐性能力的提高，从而培养学生的主体意识，激发个人的内在潜能和学习积极性。

（3）总结性评价。总结性评价是指通过测验、收集学生各个阶段完成的作品样本、考核等方式进行，并以终结性分数作为指标对学生成果的一种评价，是传统意义上的评价方式。在区域房地产市场情况调查中，完成本次学习任务后需要上交问卷调查表、区域分布图、过程PPT。在这种评价过程中，应先让学生与学生之间、小组与小组之间根据完成任务的流程是否经济、成果是否完善、总结性分析与展示是否到位等标准进行互评，讨论得当与否，然后教师再给出专业性的评价、指导、等级，应重指导轻等级思路，并最终联系整个学习任务的过程，综合三种评价方式进行评分，分析出最后的评价结果，完成学习任务的最终评价。

真实性评价是融入教学中的一种评价方式，评价方法与学习任务合而为一，学习活动过程中贯穿着评价的理念，评价活动融于学习任务之中，并不能脱离学习活动的过程而单独存在，评价方式的采用也是动态和发展的。本文是在分析了真实性学生评价与任务引领型课程之间的密切关系，并通过课程实践应用探究了评价方法的使用准则，但如何更加细化真实性评价的标准，如何更加科学地对学生的隐性能力进行真实性评价，如何把握显性能力评价和隐性能力评价之间的平衡则有待进一步的研究和实践。

参考文献：

［1］肖文芳.高职真实性学生评价研究［D］.杭州：浙江工业大学，2009：14-39.

［2］许爱红.多元学生评价的理论与实践［M］.济南：明天出版社，2005.

［3］王瑜.基于多元智能理论的学生评价研究［D］.新乡：河南师范大学，
　　　2005：23.

［4］王笃勤.真实性评价——从理论到实践［M］.北京：外语教学与研究出
　　　版社，2007.

（本文于2014年4月发表于《科教文汇》中旬刊）

第四章

教学研究

实务类课程特色课型的研究

——以中职房地产销售实务课程为例

执笔：彭玉蓉　何汉强　陈婷婷

一、实务类课程的特点

实务与理论相对，指实际的例子或在某特定领域中的事务，可以更简单地理解为实际操作、根据某原理的具体操作。实务类课程多见于文科专业，且多为专业核心课程，如国际贸易专业的国际贸易实务、市场营销专业的市场营销实务等，下面以中职房地产营销与管理专业的房地产销售实务课程为例来分析实务类课程的特点。

1. 课程定位——核心化

中职房地产营销与管理专业的目标就业岗位为房地产销售员，主要从事一手房销售、二手房销售等工作，房地产销售实务课程是该专业的核心专业课程之一。

2. 课程内容——工作化

中职房地产销售实务课程内容是介绍一手房销售的实际工作内容，以销售流程、方法和技巧为主，课程的理论性并不强，更多的是强调操作性、应用性和实践性，着重培养学生分析问题、解决问题的实际工作能力和良好的服务意识、规范意识及合作精神等。

3. 课程教学——情境化

房地产销售实务课程作为一门实践性较强的专业课程，适合理实一体的教学方式，宜创设适合的情境，采用案例教学、角色扮演、任务引领等教学方法，增强课堂的互动性和学生学习的能动性，强化学习和参与意识，培养学生处理业务的实际工作能力，学以致用。

4. 课程评价——职业化

房地产销售实务课程的内容源自实际工作任务，学生学习效果的检验理应参照企业评价标准进行，既包括市场调研（街区图绘制、项目介绍、竞争楼盘介绍、优劣势分析、周边二手房成交情况）、销售流程（接听热线电话、现场接待、区域讲解、沙盘讲解、样板房讲解）等实操性、开放式的考核内容，也包括试卷形式的封闭式考核内容。

二、对课型的理解和认识

课型是指课的类型及结构，是在按某种分类基点（或方法）对各种课进行分类的基础上产生的最具有操作性的教学结构和程序。例如，以教学任务作为分类基点，可分为新授课、练习课、复习课、讲评课、实验课等；以教学内容的不同性质作为分类基点，可分为自然科学课、人文科学课、思维科学课、艺术科学课等；以课的教学组织形式和教学方法作为分类基点，可分为讲授课、讨论课、自学辅导课、练习课、实践或实习课、参观或见习课等。此外，教学过程结构也是课型分类的主要依据之一，特定的课型必然有特定的教学过程结构。课型研究有助于教师更好地掌握各种类型课的教学目的、教学结构、教学方法等方面的规律，提高教学设计、实施和评价的能力。

中职专业建设的核心是专业课程体系的构建，专业课程体系通常包括文化素质课程、专业基础课程、专业核心课程和专业拓展课程等，这些课程承载不同的功能，因此就会有不同的类型，每种类型的课程就会有不同的课程模式。例如专业基础课程中有知识型的课程和以操作为主的技能课程；专业核心课程则侧重于理实一体化课程，如学习领域课程、项目课程等。在教学实施的过程中，不同的课程为实现不同的教学目标，或同一门课的不同教学内容由于性质不同，采用的教学方法手段就会不同，教学实施的流程步骤也会有所不同，这样就形成了不同的课型。

三、中职房地产销售实务课程特色课型的教学实验

中职房地产销售实务课程内容见表1所列：

表1 中职房地产销售实务课程内容

学习任务	学习内容
任务一：房地产销售从业准备	1.房地产代理行业及岗位认知
	2.房地产销售人员能力与素质的培养
	3.房地产销售人员必备知识
	4.楼盘竞品调查分析
任务二：房地产现场销售	1.电话接待
	2.客户接待
	3.沙盘讲解、带看样板房
	4.洽谈、计价、客户追踪
	5.成交签约
	6.收楼及办理产权

课程教学强调用工作任务引领知识、技能和态度的养成。为对该课程的课型进行研究，我们以个案研究、对比实验为研究方法，从2012年开始在三个年级、六个班级进行了教学对比实验，通过对不同教学单元和内容的教学设计、教学组织、教学实施、教学评价等多个方面进行分析、研究和总结，再进行对比、总结和提炼，归纳出房地产销售实务课程所涵盖的课型及特点。

四、实务类课程特色课型研究

通过教学实验及研究，共归纳出探究学习、知识应用、情境体验、模拟操作、综合运用五种特色课型。现仅就部分课型做具体阐述。

1. 探究学习型

探究学习型以学习任务为载体，以问题探究为手段，通过自主学习、小组讨论等方法努力解决问题，完成学习任务，该课型适用于某些工作任务必备的知识性的学习内容，即知识学习是为后期的技能训练打基础，学生学会运用有

效的方法和途径，解决实际问题，房地产销售实务课程中房地产代理行业及岗位认知、房地产销售人员能力与素质的培养、房地产销售人员必备知识等内容属此类。其课堂教学结构见表2。

表2 探究学习型的课堂教学结构

教学环节	教学内容	教学组织形式	教学方法	教学侧重点
创设情境，提出问题，布置任务	任务的目标、要求、要点	集中讲授、分组讨论	案例教学	任务情境的设置；任务要领的理解；学习方法的指导
自主探究，寻找答案	与任务相关的概念、流程、方法、技巧等	分组或独立探究	探究学习、教师指导	新知识的学习；方法或技巧的学习
教师指导	重点、难点问题的释疑	集中讲授或个别指导	解释、案例、示范	知识、方法、技巧的正确理解
任务实施	按探究得到的知识、工作流程或方法，努力完成任务	集中讲授、分组讨论、组间交流	讨论、案例、竞赛	知识应用；方法运用；团队意识的形成性培养 行为规范性
评价	对学生学习行为及任务完成情况进行过程性评价	集中、分组或独立	自评、互评、师评	发展性评价诊断、指导、激励

2. 知识应用型

知识应用型以专业知识为基础，运用有效的方法和途径，解决实际问题，适用于"完成一项开放性工作"的学习任务，房地产销售实务课程中楼盘竞品调查分析、洽谈、客户追踪就属此类。其课堂教学结构见表3。

表3 知识应用型的课堂教学结构

教学环节	教学内容	教学组织形式	教学方法	教学侧重点
知识学习	相关专业知识的学习	集中讲授	多媒体直观教学	专业知识的掌握
建立应用载体	选取实际工作案例，整理形成学习任务	集中讲解任务	案例教学	对任务的理解
知识学习	针对应用载体，进行工作过程知识的学习，包括操作流程、技巧、规范等	集中讲授	多媒体直观教学	工作过程的理解 规范的认知

续 表

教学环节	教学内容	教学组织形式	教学方法	教学侧重点
制订工作方案	根据对任务的理解，由学生制订工作方案	分组讨论	教师指导	工作方法、途径的选择 工作目标的设置
知识应用训练	以"真题假做"的方式，对指定的任务进行知识应用的训练	分组或独立进行	学生操作，教师指导，必要时进行讲解、点评	知识的综合应用 职业意识的培养
结果检验	结果可能具有开放性，重点检验结果的合理性	分组或独立进行	自检、互检	应用能力的形成性培养
学习评价	对学生的学习行为进行过程性评价	分组或独立	自评、互评、师评	发展性评价诊断、指导、激励

3. 模拟操作型

模拟操作型以实际工作内容为载体，按实际工作流程进行学习，适用于完成一项操作或完成一件工作等类型的学习任务，房地产销售实务课程中电话接待，客户接待，沙盘讲解、带看样板房，计价，成交签约，收楼及办理产权等就属此类。其课堂教学结构见表4。

表4　模拟操作型的课堂教学结构

教学环节	教学内容	教学组织形式	教学方法	教学侧重点
操作准备	选取真实案例，准备相关资料。 学习必要的专业知识、流程、技巧、规范等	集中讲授、分组讨论	案例教学、示范教学	知识、方法、技巧的掌握
实操训练	按实际工作流程、要求、规范等进行实操训练	分组完成	学生模拟、角色扮演、教师点评	仿真情境的创设； 知识、方法与技巧运用； 规范意识的培养
过程性反思与指导	实操中出现的问题	集中讲解或个别点评	引导式、启发式、示范式、探究式	实操中出现的问题； 知识、方法、技巧的正确运用
学习评价	对学生的学习行为进行过程性评价	分组或独立完成	自评、互评、师评	发展性评价、指导、激励

参考文献：

［1］中华人民共和国教育部.中等职业学校专业教学标准（试行）财经商贸类（第一辑）［M］.北京：高等教育出版社，2014.

［2］陈凯.谈中等职业教育的课型研究［R］.广州教学研究，2012（6）.

［3］彭玉蓉.房地产经纪操作实务"同课异构"教学实验研究报告［R］.广州教学研究，2013（12）.

［4］John Elliott.课程实验［M］.赵中建，译.上海：华东师范大学出版社，2004.

（本文2017年10月发表于《广东教育 职教》）

浅谈房地产中介人员职业素养的培养

执笔：阮梓茗　彭玉蓉

以职业为导向的中职教育着力于培养对社会有用的技能型、应用型人才。近几年，随着房地产市场高速迅猛的发展，人们置业、投资需求激增，市场的交易量、成交量都有较大突破，企业对房地产中介人员的需求也日趋旺盛，经纪成为房地产专业学生的主要就业方向之一，因此，如何培养适合行业需求的中介从业人员成了专业教学工作的重点。本文就是基于这一现实基础，结合行业专家访谈所得以及自身从事顶岗实习指导教师的实践体会，探讨适合房地产中介人员的岗位需求的培养方法。

一、学生在工作岗位中存在的问题及原因分析

1. 学得好不一定干得好

房地产中介是典型的服务性行业，是指在房地产市场中，以提供房地产供需咨询、协助供需双方公平交易、促进房地产交易形成为目的而进行的房地产租售的经纪活动、委托代理业务或价格评估等活动的总称。我们的学生主要从事有关房地产租售方面的经纪活动，其要求从业者为房屋交易双方提供房源搜集、带客看房、房屋计价、评估、交易过户等一系列的专业化服务。

在进行房地产经纪课程改革以后，我们按照中介岗位实际，重新整合了课程内容，并结合工作内容以及行业本身的规章制度要求设计学习任务，已经形成了相对完整的课程教学方案。事实证明，改革后的教学内容及方法对学生掌握专业岗位知识具有良好的促进作用。然而，学得好并不一定干得好。在近一学期的顶岗实习指导中发现，许多专业成绩优良的学生在工作中的表现不尽人意，具体表现为：对搜集房源、看房、计价、准备过户、网上发布房源等基本工作都做得较好，但客源不足、流失，最终导致没有业绩。但是中介行业本身

就是看业绩吃饭的，没有业绩，哪怕基本功再好也没有意义，因此，如何寻找客源，把握住每一个可能发生交易的客户非常重要。

如何寻找客源呢？中介每天的常规工作是"call客"——分店主管会要求每位员工每天打够100~300个电话（系统后台有记录），目的是寻找任何一位潜在顾客。这是一项非常枯燥的工作，需要学生有较强的忍耐力以及不怕苦的精神，在面对一些客户刁难时还需要有良好的心理承受能力和积极的心态，然而，这是刚刚踏出校门的学生所缺乏的，许多学生在这里便打起退堂鼓。究其原因，我认为是学生对岗位的认知不够。中介的工作除了要求员工懂得发布、搜集房源、带客看房、房屋计价、准备过户等工作知识之外，更重要的是具备所有服务性行业都必须面临的关键能力——寻找客源，这要求从业人员能与客户进行良好的沟通，把握客户的真实需求，且具备良好的心理承受能力，我们的学生就是缺乏这种隐性的能力，尤其在心态上没有做好应有的准备，对工作当中遇到的困难措手不及。这也是专业教学中需要重视的一大问题。

2. 对岗位的忠诚度不高

学生对中介岗位的忠诚度不高既有来自行业、企业等外部因素的影响，也有来自本身目标、能力、心态等内部因素的影响。大部分进入中介行业的人员是受高利润率的吸引，没有考虑到该行业工作的波动性、政策影响性、工作难度等因素，我们的学生也不例外。当他们收到来自企业、教师、参加工作的师兄师姐关于中介收入高的言论时，他们没有想到，当政府实行政策调控，市场进入调整期，交易难度增加，成交量会下滑，由于受收入预期下降的影响，在工作时间长，工作压力大，寻找房源、客源的过程中被拒绝，以及企业各项考核指标等众多因素的共同作用下，许多人会选择离职。简而言之，对中介岗位预期过高，对工作困难了解不足，使得许多学生在一开始都蜂拥进这一行业，而一段时间后又都纷纷离场。是什么导致这种现象发生呢？

通过与顶岗实习学生的沟通交流发现，在择业初期，许多学生对自己想做怎样的工作、适合怎样的工作都没有清楚的认识，大都是抱着试一试的心态，尤其是冲着中介薪酬高的诱惑开始的。每当遇到困难的时候都先认为自己不适合这份工作，而不是想到改进自己的工作方法，一段时间后再做决定。因而我认为，对行业、岗位过于乐观，缺乏努力拼搏的吃苦精神，缺乏挑战困难的信心是导致学生对岗位忠诚度不高的重要因素。

二、课程教学改革的建议

1. 关注职业素养的长期性培养，而非工作过程知识的简单灌输

职业素养包括职业道德、职业思想（意识）、职业行为习惯、职业技能四个方面。其中，前三项是职业素养中最基础的部分，而职业技能仅是职业素养的表象内容。职业技能可以通过学习、培训比较容易地获得，如中介岗位当中在网上发布房源、搜集房源、带客看房、房屋计价、交易过户等，都可以通过一系列的培训让学生比较容易地获得，而职业道德、思想、行为习惯的培养则需要贯穿课程乃至职业教育阶段的全过程。但在日常教学中，我们关注的恰恰是如何培养学生的各项职业技能，却忽略了最本质的对学生职业道德、思想、行为习惯的教育与约束，最终的结果就是学生的职业技能掌握好了，可在岗位工作中却干不好。对此，我建议职业素养的培养应贯穿职业教育阶段的全过程，并尽可能丰富职业素养培养的教育载体。

房地产中介专业的学生，需要的职业素养包括：诚信意识、服务意识、团队意识、敬业精神等，这些是意识层面的内容，比较抽象，只能通过感受的方式来培养，而且职业素养的培养需要长时间的教育积累，因此，我认为在学生步入职校开始，就应当关注学生职业素养的形成性培养。另外，学生职业素养的培养通常只强调在专业课上进行，要求专业教师对该职业应当具备的道德、思想、习惯、技能进行详细、有效地讲解。然而这是远远不够的，因此我认为，在校内阶段，除了通过专业课、各项技能比赛、专业教育大会等传统的教育手段以外，还可以通过深受学生喜欢的行业专家座谈、师兄师姐传授经验、到合作企业参观培训，甚至假期到合作企业实训等方式进行，最好在学生入读职校的第一年就采用以上各种方式对学生进行教育，使学生真正了解岗位的实际情况。

2. 全面客观地向学生介绍岗位的实际情况

上文提到学生学得好不一定干得好以及对岗位的忠诚度不高，其原因之一是对行业和岗位盲目乐观，因此，作为专业教师有义务向学生全面、客观地介绍行业及岗位的实际情况，让学生树立正确的职业观念，而不是片面强调行业

以及岗位的优点，以致学生过于乐观，也不要过分突出岗位的缺点，以致打击学生的积极性。这样做的好处是学生可以对所在的行业有客观的认识，不盲目乐观，也不盲目悲观，既能对往后的职业定位有帮助，又避免对岗位认知不足而多走弯路。

我认为，岗位介绍应当包括：行业现状、发展前景、工作环境、工作性质、职责与任务、能力要求、薪金构成、晋升渠道、初入职的困难等。介绍的方式尽可能多样化，如可利用与合作企业的关系，邀请企业培训人员来校讲课，主要内容为行业现状、薪金构成、晋升渠道等；还可邀请已参加工作的校友回来分享经验，主要内容为初入职的困难、岗位日常的工作、职责与任务、工作的艰难与美好等。总之，就是尽一切可能让学生直观真实地了解岗位的实际情况，与行业、企业零距离接触。

3. 考核方面增加对学生随机应变能力的考查

房地产中介是典型的服务性行业，需要学生能够把握客户的真实需求并恰当处理客户的要求、异议，因此，学生的应变能力在工作中显得非常重要。而我认为，要培养学生处理各种问题的应变能力，先要使学生有这种意识，我们可以通过增加课程考核方式的灵活性来改进这一方面。在房地产经纪课程考核中，目前的做法是让学生分角色进行中介的情景模拟表演，考核学生接待顾客、带客看房讲解、房屋计价、交易过户的全过程，同时结合学生各分项作业的表现综合评分。我认为可以在此基础上增加一个抽题的环节考查学生随机应变的能力，具体做法是教师预先设定各种不同的工作情境，内容可以是工作中可能遇到的困难或者是顾客提出的各种疑问、异议、要求，涉及中介工作当中如客户压价、卖家反价、客户流失、虚假信息、寻找客源等方方面面的问题，应试者根据抽到的题目做出他所认为合理的处理方式。这样做的目的不仅仅是了解学生灵活处理问题的能力，更重要的是通过考核这个载体培养学生随机应变、合理处理工作中出现的各种难题的意识，而其他学生在观摩的过程中，引发自身对所提的问题进行思考，在相互讨论的过程中逐渐形成如何合理地处理问题的意识。

综上所述，房地产中介行业是典型的服务性行业，需要从业者有着较强的服务能力、沟通能力、应变能力，具备吃苦耐劳的精神以及良好的心理承受能力。因此在该专业教学中我们应更加关注对学生进行上述职业素养的长期性培养，而非工作过程知识的简单灌输，与此同时，通过客观全面地向学生介绍岗位的实际情况以及丰富课程考核方式，逐渐培养学生相应的职业意识与行为习惯，最终使学生更快更好地融入实际工作中，取得更好的工作业绩。

参考文献：

［1］吕正辉.基于工作过程的《房地产经纪实务》课程改革实践［J］.时代教育，2013（6）.

［2］郑晓俐.房地产经纪行业从业人员稳定性提高对策简析［J］.生产力研究，2012（8）.

［3］郑晓俐.高职房地产专业经纪人才培养模式的实践与探索［J］.江苏建筑职业技术学院学报，2012（6）.

（本文2014年4月发表于《科教文汇》中旬刊）

发挥校企冠名班合作优势　建设校外实训基地

——以中职房地产专业为例

执笔：关红丽

　　中职教育实训基地的主要职能是完成教学实训和职业技能训练，培养和提高学生的实践能力。职业学校实训基地分为校内实训基地和校外实训基地两类。近年随着房地产市场的快速发展，房地产从业人员既要有扎实的基础知识和多样化的专业知识，又要掌握相关的法律法规和国家政策，同时还需具备建筑识图、经纪业务技能、房产交易知识、评估按揭等业务知识。而目前校内实训基地只能解决部分专业课程的教学需要，显然不能承担全面培养学生职业素质的功能，建立校外实训基地，是加强房地产专业实践性教学，提高学生实践能力的主要方式。

一、建设校外实训基地的重要性

1.真实的房地产营销环境有助于提升学生职业技能，缩短工作适应期

　　当前，用人单位在选聘毕业生时特别看重学生的实践动手能力和丰富的工作经验，这样的毕业生工作适应性强，能够在较短的适应期内掌握岗位工作要求。学生通过参加企业一线岗位工作，能真实地学习解决实践管理、技术等问题的能力。对于房地产营销管理专业来说，相比企业真实的工作环境，学校的校内实训基地虽然也是模拟房地产中介企业的工作场景以及仿真的样板房现场，但由于房地产销售代理、居间经纪服务均需要真实的客户沟通交流，没有真实的销售现场，学生在培养礼仪素养、磋商谈判能力、突发事件处理能力、团队协作精神等方面都会有所缺失。真正适应市场需求的房地产管理人才应该是既要有扎实的房地产基础理论知识，又要有灵活的表达能力和对客户沟通技

巧，同时又掌握一定的心理学知识。

校外实训基地其实就是正常经营运作的企业，学生在这一工作环境中以准员工的身份接受了同等标准的考勤、工作表现考核、安全意识学习、企业劳动守则等考评，使学生在步入职场前就已养成遵章守法的习惯，能以职业人的标准培养良好的职业道德和职业素养，缩短工作适应期，提升自己的就业竞争力。

2. 有利于房地产专业课程内容、结构的改革与更新

建立校外实训基地，学校可及时了解企业对人才培养的要求，了解房地产行业技术结构、设计规范、政策推行等最新信息和新变化，从而修订自身专业的教学目标，完善课程结构，修改课程内容，调整评价标准。在教学过程中，邀请房地产行业专家及企业中层顾问担任兼职教师，参与修订教学计划，根据企业文化建设及实际业务需要，增加企业特色课程，编写有针对性的校本教材等。学校在执行教学中，专业教师全程参与跟班，实行动态管理，这样的教学计划更趋合理和实效。

3. 扩大学校知名度及行业影响力，增加学生就业率

中职教育的目标是培养符合市场需求的技能型人才，并服务于当地行业经济发展。学校建立校外实训基地，让学生深入到企业中去，并在工作岗位上发挥肯学肯干的吃苦精神。房地产企业的工作性质决定了行业间的人才流动较频繁，企业间员工流动、商务往来等也会让学校在行业中的口碑、知名度大有提升。特别是房地产行业，专业人才缺口率大，各企业对优秀学生的招录都是求贤若渴。在这种行业市场发展的态势下，与企业有良好的校企合作关系的学校自然是不愁学生的就业问题，甚至学生还可以从多家企业中挑选有发展前景的企业。另一方面，学生通过在校外实训基地的实践，有更多的机会接触企业，接触社会，逐步改变自我中心观，在一定程度上增强了学生对社会的认识和适应能力，加强了学生与用人单位的了解和沟通，从而也增加了学生的就业机会。

4. 有利于"双师型"教师队伍的建设

目前，我国中职教育中专业教师整体素质不高，只有少部分专业教师拥有丰富的理论知识和实践经验，大部分职业学校的专业教师只有教学经验，专业技能匮乏，缺少相关的企业工作经验，难以满足职业教育的需要。还有一部分教师，虽然具有丰富的专业技术经验，但由于学历偏低，没有掌握教育教学的

规律，在传授知识技能的过程中不能完整的表述教学的内容。校外实训基地建设对"双师型"教师的培养提供了很好的契机，中职学校可以利用"送出去"的师资队伍培养方式，把学校的专业骨干教师派到企业进行生产实训锻炼。通过校企互动，培养一支专业技能熟练、理论扎实、专兼结合的专业教师队伍，满足技能型人才培养的需要。被派出的教师通过行业走访，了解到企业基层工作的一手资料，可以使教学和实训达到有效的衔接，同时，与实训学生也能建立良好的沟通，为学校师资队伍的建设提供合理的改进建议。

5. 企业培养后备人才的有效途径，实现三方共赢

作为校企合作的房地产企业，对于共建校外实训基地，也不是只有投入而没有产出。企业提供场地、技术、设备给学生全方位的实践锻炼机会，一方面既能引入一批充满活力、易于管理、相对比较稳定而又成本低廉的实习生来企业实习，降低经营成本，实现更多的经营利润。另一方面又为企业的发展培养后备人才，刚步入社会的学生会给企业带来一股积极向上、勤学苦干的冲劲，对房地产企业文化的内涵发展能接受并理解，也有助于提高整个企业的凝聚力和向心力。同时，学校获得企业提供的校外实训基地，共同创造良好的育人环境，进一步了解企业的用人需求，及时调整学生的培养目标，让学生向社会需求靠拢。而学生通过顶岗实习、教学实习，提高了自己的全面素质和技术技能，增强了自身的就业竞争力。建立稳定的校外实训基地是产教结合、校企合作的重要方式，也是中职教育具有强劲生命力的发展方向，可以使学校、企业、学生实现互惠互利、三方共赢。

二、利用校企冠名班合作优势，共建长效实训基地

校企冠名班合作是近年来学校根据社会经济及行业发展需求而探索实施的人才培养模式。冠名班是校企深度合作的一种形式，校企双方共同制订人才培养计划，利用学校和企业两种不同的教育环境和教育资源共同组织教学，通过学校教学和学生到企业参加实际工作的有机结合，培养适合企业所需要的人才。校企冠名班合作，给职业教育开辟了全新而又有实效性的校外实训基地。

广州市作为全国房地产行业发展前四名城市之一，其行业人才缺口非常大，特别是具备一定的相关知识和业务技巧的专业人才。我校房地产专业尝试

与行业进行深度合作，先后与中原地产、合富地产、世联地产、中地行等知名房地产销售、策划企业合作开办冠名班。通过密切校企合作关系、组建冠名班教师合作团队、师资双向管理、启动校外实训基地建设等一系列举措，拓展了校企合作的领域和深度。我们通过推进校企冠名班合作，让学生在企业的实战战场上真枪实弹的磨炼，塑造素质全面、技能过硬的专门人才，让学生及学校在行业的知名度、影响力继续扩大。

校企合作，最常见的人才培养合作模式就是共建校外实训基地。但目前对于实训基地的有效利用、能否长期稳定使用、实训基地是否有序管理等问题讨论争议较大。冠名班合作，则在基地的长效使用，教学管理有序开展，学生实习、就业的稳定性方面给予了充分的保障。以我校与中原地产冠名班合作为例，我们突破了传统校外实训基地松散式的合作模式，共建了学生"教学实习""顶岗实习"的基地平台及深化融合了教学模式。

（一）建立基于教学过程的学生实习基地

中原地产公司根据业务范围、企业岗位的技能要求设立技能训练平台，主要承担了两类的实训场所：一是岗位实训场所。根据"五一""十一"黄金周长假的特点，多个楼盘均有共识的选择在此时段开盘，中原公司利用业务拓展的企业资源在代理销售的楼盘中提供若干岗位组织学生到现场实训锻炼。例如2012年"十一"黄金周期间提供的罗马家园楼盘一手房销售岗位，中原班学生在"一对一"的师傅带教中锻炼业务技能，其中有几名学生在短短的几天内成交数套房子，销售经理对学生们的实习表现赞不绝口，公司还对这些业绩突出的学生给予了物质奖励。二是顶岗实习场所。中原班学生在第三年直接在中原公司各分公司、门店实习。学生把理论与实践知识全面系统地运用到房地产销售、评估、按揭岗位工作中，对企业文化、制度建设、经营理念、管理方式、产品开发销售等有了较全面的认识和了解，加快了由学生到经纪人的转变进程，初步实现了人才培养工作的校企无缝对接。

（二）建立基于以就业为导向的人才培养模式

我校房地产专业特色是培养能胜任房地产中介工作并具有本职业生涯发展基础的应用型人才，而房地产企业在人才需求、人才梯队培养、文化内涵提升等方面也需要进一步发展。因此，校企双方本着互惠互利的原则，通过建设实训基地，在专业建设、课程设置、教学内容、教学改革、人才培养等方面进行了深度合作。

1. 校企双方签订合作意向协议，制订教学计划

学校与中原地产企业签订合作协议，学校作为牵头单位，负责组建冠名班的教学团队，明确校企双方的权利责任。其中，学校在课程体系结构中增加了企业特色课程，加大了企业课程的比例及时间分配。在课程内容中，企业岗位培训内容由校企双方共同制定。如在专业实训课程中融合了中原地产经纪业务综合实训、中原户外团队拓展活动、某楼盘项目营销策划综合实训等。

2. 校企教师实现双向发展

建设校外实训基地，要实现企业、学校互惠互利，可推行教师双向发展。学校利用人才、智力的优势为一些实训基地免费提供培训场地及为企业进行员工培训，帮助企业进行企业推介活动，对企业在合适的范围内进行免费宣传。例如广州地区推行房地产从业人员必须持中介证上岗政策，学校可利用教师资源优势为企业员工进行辅导培训。"请进来，送出去"是校企深度合作的有力体现。2013年，我校选送了骨干教师到合富企业参加了为期半年的教师实践学习。教师通过在企业跟岗实践锻炼，学习更为专业的企业内部管理制度，获取真实的客户资源管理经验，了解团队管理模式、业务操作技巧等。这些于教师、学生而言，都是真实而宝贵的知识财富。

对于企业来说，每周都指派企业教师团队"送教上门"指导学生，保证学生在实训阶段完成电话礼仪培训、客户管理技巧、销售经纪代理等实训项目，以期达到"适用、实用"的实训目标。通过教师的双向发展优势互补，提升校外实训基地建设的成效。

3. 校外实训基地实行专业族群的资源共享

基于校企冠名合作平台，除了房地产专业学生在实训基地实习外，也可以提供其他相关专业的实习岗位。例如物业管理专业、城市规划专业、物业设备管理专业的学生也可以到基地进行实习，形成专业族群的资源共享平台。我校物业管理专业的学生就在中原地产代理销售的一手楼盘找到物业管理岗位工作，个别表现突出的学生从会所助理还被提拔为物业管家。所以从目前的基地建设及利用成效来看，发挥校企冠名班合作优势，建立长效而稳定的实训基地

是持续发展的大方向。

校企冠名班合作模式及其运营管理实践证明，基于市场化校企深度合作的实训基地建设是一种具有示范意义的成功的校外实训基地新模式。但在建设实训基地中，我们认为还需要多方面的支持和保障才能使基地建设长效稳定发展，如政府的政策支持、资金支持；校企双方的协议保障；教育资源如何优化组合等问题。中职教育在校外实训基地建设与管理过程中，应充分认识到校外实训基地在中职教育中的地位与功能定位，用科学发展观指导校外实训基地建设与管理，使校外实训基地充分发挥其应有的功能，从而保证职业教育的有序开展。

参考文献：

［1］贾涛.校外实训基地建设可持续发展策略［J］.辽宁教育研究，2008（10）.

［2］郑元祥.商务经纪与代理专业实训基地建设探索和实践［J］.科技信息，2010（5）.

［3］孙国淮.校外实训基地建设的现状分析与可持续发展思考［J］.中国电力教育，2011（8）.

［4］陈文君，符永勤.高职酒店管理专业校外实训基地模式创新探讨——以广州城市职业学校碧桂园凤凰酒店管理学院为例［J］.广州城市职业学院学报，2010（4）.

［5］韩伟平.充实校企合作内涵　打造冠名班品牌［J］.烟台职业学院学报，2008（2）.

（本文发表于《科技信息》2013年第20期）

如何进一步提高中职课堂教学的有效性

——以房地产营销与管理专业为例

执笔：彭玉蓉

一、对中职课堂教学有效性的认识

课堂教学是学校育人的主渠道。近年来，随着课程改革的深入，课堂教学的有效性受到普遍关注。什么样的课堂教学才有效？通常认为有三个方面的含义，即有效果、有效率、有效益。有效果，是指通过教学学生获得了具体的进步或发展，主要是学生在知识或技能上获得增长，身心素质得到锻炼，创造力得到培养；有效率，是单位时间内完成的工作量，即学生在单位时间内是否学到了知识或技能，学到了多少知识或技能；有效益，是指学生当前所学习的知识或技能既可以解决现有问题，而且对后续学习、终身学习产生一定的影响或帮助。课堂教学是否有效，其衡量标准主要是看学生有没有学到什么或者学得好不好，有没有进步或发展。

在以就业为导向，以能力为本位的职教理念指导下，随着中职学校课程改革的推进，中职课程和课堂教学状况已悄然变化，项目课程、理实一体化课程等逐渐取代了传统的课程模式，课堂的范围也被拓展，既有常规的理论课堂，也有实训课堂、实习课堂，甚至还包括社会课堂。在实践导向的课程标准下，课堂教学转向侧重学生综合职业能力的培养。因此，中职课堂教学的有效是"有效地教，教得有效"和"有效地学，学得有效"的统一体，除具备有效果、有效率、有效益的特征外，还具备有效贴近社会，有效贴近职业和有效贴近中职学生的特点。

二、课改背景下中职课堂教学的特点

近几年，中职学校在不遗余力地进行课程改革，课改后的课堂正悄然发生变化。下面就以我校房地产营销与管理专业为例来分析目前中职课堂教学的特点。

1. 我校房地产营销与管理专业培养目标

房地产营销与管理专业是我校历史最久、学生人数最多的品牌专业，以培养适应广州经济社会发展需要的房地产中介人才为目标，就业岗位以房地产销售代表、置业顾问、房地产估价助理、房地产按揭业务员为主，毕业生一直都供不应求。用人单位对学生的综合职业能力要求较高，除具备核心职业能力如市场调查、楼盘销售、沟通表达等外，吃苦耐劳、服务意识是最被认可的优秀品质。

2. 房地产营销与管理专业课程设置情况

房地产营销与管理专业开设文化素质课、专业课和选修课，课程设置遵循以能力为本位，以职业活动为主线，以学生为中心，以项目课程为主体的原则。文化素质课包括大纲要求的德育、语文、数学、英语、体育、信息技术等文化课和职业礼仪、人文素养两门素质课，文化课的教学突出为专业课程服务的功能，"低起点，抓基础，重应用"；素质课是我校的管理服务类专业必修的特色课。专业课包括专业基础课、专业核心课和专业拓展课，专业基础课多以陈述性的知识性内容为主，如房地产经济知识、市场知识等；专业核心课程如房地产经纪、房地产销售、房地产市场调查等，均以项目课程的形式呈现，以理实一体化的教学方式为主；专业拓展课程既有项目课程也有理论型课程，如房地产测绘、物业管理知识等。选修课为开阔学生视野、增长相关知识而设置，课程含益智、社会、人文、百科等方面的课程。

3. 房地产营销与管理专业课堂教学特点

（1）教——课堂教学不再局限于单纯的知识和技能的传授，而是注重专业知识和社会实际的结合，注重学生职业岗位应用能力的培养，教学目标由传统的知识目标、能力目标转化为知识、能力与情感目标共存并以能力目标为重；教学内容在不断调整，教学任务与将来的职业工作基本一致；教学方法不断改进，能结合学生年龄及学习特点，由"满堂灌"变为"做中学、学中做"；教材编排在改进，不再强调知识的连贯，而是尽量还原工作过程，体现工作的流程与规范；教学地点由单纯的教室变为教室、专业实训室，有时还会走出校门走向社会；教学评价由单一的教师终结性评价改变为师评、互评、自评等开放式的发展性评价；专业教师日益重视行业学习和企业实践，追求理论与实践的真正结合；教师在课堂有限的45分钟内既要传道授业解惑，还要时不时地进行班级管理，课堂效率不高，压力很大。

（2）学——大多数学生逐渐形成明确的学习目标和职业目标，随着学习的深入对专业课程兴趣逐渐浓厚，重视职业能力培养；在"做中学、学中做"的学习过程中，能按要求独立或合作完成学习任务并逐渐学会主动学习、合作学习，但课堂上有时又很难控制住自己，时不时地会讲讲小话、开开小差，学习效率不高；能在课堂上积极大胆地表现自己，同学之间会相互交流与碰撞，喜欢教师的关注、表扬与激励，教师关注不到时则会抱怨；部分学生开始外出兼职，开始营造职业氛围，对职业礼仪有了一定的认识，同学之间相处更加融洽，慢慢理解做人与做事的关系，但总有少部分学生没有学习目标，无心上学，一天天地混日子。

4. 课改后中职课堂教学存在的问题

课堂教学是课程实施中最根本的环节，它的有效性如何直接关系到课堂教学质量，关系到学生的全面发展。为提高课堂教学有效性，教师们不懈地钻研教材、剖析学生、创新教法、改革评价、说课研讨，使中职课堂经历着巨大的变革，但同时也还存在一些不足：一是仍有很多教师受传统课堂教学模式的影响，摆脱不了知识教学的概念化、系统化的束缚，摆脱不了讲授式、灌输式的教学方式，导致师生做了很多无效劳动；二是中职生生源质量下滑，学生学习主动性、积极性不高，甚至有厌学现象，部分学生"刀枪不入"，课堂教学高耗低效；三是文化基础课、专业基础课教学改革几乎还在原地踏步，口号喊了很多年，实质性的进展和效果并不明显；四是与课改相适应的教材建设比较滞后，与教改、课改相配套的师资培训跟不上……这些问题影响了课堂教学有效性的更好发挥。

三、进一步提高中职课堂教学有效性的对策

经过上面的分析，我们看到，课改之下的中职课堂教学依然存在着缺陷和不足。下面结合我校的做法谈谈如何进一步提高课堂教学有效性的对策。

1. 重研究学法，指导学法

学生是课堂的主体，课堂教学是否有效的衡量标准主要是看学生有没有学到什么或者学得好不好，有没有进步或发展。过去我们比较"重教法，轻学法""重教研，轻学研"，在以后的改革中，我们要面向全体学生，以"有效地学，学得有效"为目标，研究学法，指导学法。首先，教师要帮助学生选择适合自己的学法，可先通过交谈、作业、观察等方式了解学生的学法情况并进行根源分析，对学生分类，再实施学法指导，以培养房管专业学生的口头表达能力为例，可以选择背诵、演讲、辩论、对话练习、角色扮演等多种方法，教师要指导学生根据自己的实际情况选择适当的方法学习和练习，在指导过程中，教师要遵循由浅入深、循序渐进的原则，先给学生提供适当的范例，经过一定量的训练后，让学生将这种方法内化为自己的学习方法，逐步建立起具有个人特色的学法体系，形成自学能力。其次，不同学习阶段有不同的学法，如初学阶段、巩固阶段和应用阶段的学法就有区别，教师要根据不同阶段的特点来指导学生的学法，如初学阶段告诉学生要注意观察、思考、想象；巩固阶段告诉学生要注意记忆、理解、强化；应用阶段告诉学生要注意分析、概括、综合。再次，不同学习过程有不同的学法，预习、上课、复习、课外学习等不同环节都要讲究方法，比如，学生要进行一场小型的市场调查，教师要教会学生学习调查知识的学法，还要对学生进行课外自学和到图书馆查图书目录的方法指导。最后，在学习和生活中，教师还要交给学生心理调节、人际交往等方面的方法。通过上面的方法，拟建立一种双向的、交互的教学模式，调动学生的主观能动性，让学生在"学会—兴趣—愿学—学会"的循环中提高自己的学习能力，培养学习自主性。

2. 更深入地研究教法，更高层次地实现"有效地教，教得有效"

教师（特别是专业课教师）对学生专业知识、专业实践、创新能力、心理素质等方面的培养起着至关重要的作用，直接影响到学生的成长、职业的定

位及今后社会的发展。前面的课改中，我们已经积累了一些很好的经验，如项目教学、任务驱动等方法的广泛采用，因材施教、分层教学等方法的不断拓展等，与此同时，教学资源在不断丰富，教学手段在不断更新，课堂教学的有效性得到了一定程度的发展。在这样的基础上，为实现更高层次地"有效地教，教得有效"的目标，对教师的教学方法能力、教学内容的整合能力、课堂驾驭能力、教学艺术等都提出了更高的要求。学校应持续关注教师的专业化发展，通过教学技能竞赛、教师对口交流、专家讲座、职教培训、企业实践等活动，使教师不断更新教育理念，提高业务水平，增加专业实践经验，切实转变教育教学行为，在课堂教学中更好地指导学生专业知识的学习、专业技能的掌握、职业能力的培养。"教无定法，贵在得法"，教法研究应更加深入。

3. 切实进行文化基础课、专业基础课的改革

职校学生普遍感到理论知识、基本原理的掌握较为困难，所以我们应该尊重学生的实际，切实进行文化基础课、专业基础课的教学改革。对文化课，我们应该坚持"低起点，抓基础，重应用"的原则，"低起点"就是立足于学生的文化基础实际，适当地降低教学起点水平，使教学与学生原有的基础相衔接；"抓基础"是降低教学要求，把重点放在基础知识的学习上，使学生学会；"重应用"是把教学重点放在学生应用能力的培养上，突出文化基础课为专业教学服务的功能。如对房管专业，语文课可侧重于常用应用文的写作和口语表达的训练，数学课则以数字运算、计算器的使用等为主，尽量让学习内容与工作需求一致。专业基础课程多是知识型课程，内容相对比较死板，而学生又必须要掌握，目前主要通过一些辅助的视频教学、案例教学、外出参观等形式来提高学习兴趣，效果一般。今后的课改，这两类课程是两块"硬骨头"。

4. 开发配套教材

为使课堂教学能与中职学生的培养目标相适应，学校要根据社会需求和学生的特点通过选用、改编或自编教材，弱化理论，使教材适合专业特点，适应岗位要求，让教师能教，让学生有所获。比如，房管专业的语文教材，可以设置一些介绍各类建筑物的散文、说明文，作文训练可以让学生编写户型、沙盘的介绍词，也可以加强应用文的写作和口语表达的能力训练。英语教材可以

融入房地产词语、常用的房屋销售对话等内容，让学生将工作内容、技巧融入日常教学之中，这样真正实现文化基础课为专业课服务功能，同时也能提升学习的学习兴趣，培养学生职业实践能力，促进学习的有效性。在专业课的教材中，尽量选用最近出版的能体现最新的职教理念的新教材，没有合适的规划教材的，学校应该组织教师编写校本教材。相较而言，由本校教师编写的校本教材会更有针对性和实用性。目前我校正在进行房管专业整套校本教材的开发工作，这项工作可以促进教师更多地学习和思考，对整个专业整体教学水平的提高意义更大。

5. 拓展课堂概念，重视素质教育

职业教育的课堂除课室、实训室外还有内容更丰富的企业课堂、社会课堂，教师可以通过带领学生社会调查、企业参观，让学生更多地感知和认识他们将要从事的行业和职业。此外，鼓励学生课余时间适当兼职也能帮助学生积累经验，增长见识，这些都能更好地促进课堂教学。职业教育的目标是把学生培养成既懂知识，又有过硬的实践技能的应用型人才，中职学生虽然不够完美，但他们有自己的爱好和特长，学校应重视学生的素质教育，通过举办艺术节、技能节、校运会、各类球赛等丰富多彩的活动，加强校园文化建设，为学生的全面和谐发展营造良好的氛围。同时，将课堂教学与行为规范教育、职业道德教育、心理健康教育、就业指导教育等紧密结合，可持续地、有效地提升中职生的综合素质。

以上是笔者结合本校情况对进一步提高中职课堂教学的有效性提出的一些不成熟的想法和建议。不断探索如何评价课堂教学的效果，发挥课堂教学在中职教育中的作用，进一步提高中职课堂教学的有效性、提高中职教育的教学质量有待于中职教育工作者的继续努力实践。

参考文献：

［1］赵志群.职业教育工学结合一体化课程开发指南［M］.北京：清华大学出版社，2009.

［2］郭茜，邹振宏.提高中职教学有效性的思考［J］.职教通讯，2010（11）.

［3］吴必尊，陈凯.中职教育课程与教学改革的基本理论［OL］.http://vse.guangztr.edu.cn/jiaoxueziyuan/20110927/64.html，2015.

［本文发表于《中国建设教育》（中职版）2011年第3期］

第五章

浅析中职学校新手教师课堂有效教学策略

执笔：窦方

　　有效教学的理念来源于20世纪上半叶西方的教学科学化运动，所谓有效教学是师生遵循教学活动的客观规律，以最优的速度、效益和效率促进学生在知识与技能、过程与方法、情感态度与价值观"三维目标"上获得整合、协调、可持续地进步和发展，从而有效地实现预期的教学目标，满足社会和个人的教育价值需求而组织实施的教学活动。有效教学其核心问题是教学效益，即什么样的教学是有效的，主要强调教学目标要明确，强调学生主动参与教学过程，强调教师的主导作用，强调课堂气氛和课堂环境要民主、自由和安全。随着新课程改革的逐步推进，如何提高教学的有效性，实现有效教学已成为我国教学改革研究的重要课题。我国在"十一五"规划中明确提出，建设一支高素质的中等职业教育师资队伍，是职业教育进一步发展的基础和保证。中职教育的不断发展使得中职学校引进大批青年教师，这些新手教师处于从研究生、本科生到中职教师的角色转换阶段，面对中职教学全新的工作岗位和众多教学难题，迫切需要研究能够尽快适应和胜任中职教师工作岗位所必需的课堂有效教学策略，从而实现自身教学水平和学术水平的和谐良性发展。

一、明确中等职业学校的教学目标

（一）中职教育的培养目标

根据《中华人民共和国职业教育法》的规定："实施职业教育必须贯彻国家教育方针，对受教育者进行思想政治教育和职业道德教育，传授职业知识，培养职业技能，进行职业指导，全面提高受教育者的素质。"教育部制定的《关于全面推进素质教育，深化中等职业教育教学改革的意见》要求中等职业教育要全面贯彻党的教育方针，转变教育思想，树立以全面素质为基础，以能力为本位的观念，培养与社会主义现代化建设要求相适应、德智体美等全面发展，具有综合职业能力，在生产、服务、技术和管理第一线工作的高素质劳动者和中、初级专门人才。国家改革和发展职业教育的思路为以服务为宗旨，以就业为导向，以能力为本位，其方针为"加强学生的职业技能训练培养"。职业教育的性质和其在教育系统中的地位决定了中等职业教育是培养中级技术工人、中级专门人才。职业教育的根本目的在于通过全面提升学生的整体素质，让其成为从事某种社会职业所必须具备的知识和技能的应用型人才。在培养目标方面，职业教育强调以培养学生能力为重点。

中等职业教育是职业定向后以取得上岗资格为目的的职业教育。中等职业教育的内容是全面系统的职业知识学习和职业技能训练，目标是使学生成为与社会主义现代化建设要求相适应，德智体美等全面发展，具有综合职业能力，在生产、服务、技术和管理第一线工作的高素质劳动者和中级专门人才。

（二）中职教学目标对中职教学的基本要求

职业教育的目标是培养技能型人才，由传统的升学导向转变为就业导向，由培养知识人转变为培养职业人。根据职业教育培养目标的要求，中职教育既要重视专业理论教学，更要通过实践环节，重视对学生专业技能的培养，以培养学生实践动手能力。这就对中职教学提出了一些共同要求。

1. 课堂教学的专业理论与实践训练并重

教师在选择教学内容上做到理论与实践训练并重，注重理论与实践的紧密联系，以必需、够用为原则，通过分析、诊断教材，确定教学内容的重点、难点和关键点，对知识进行合理取舍，同时又要保证各章节之间的知识连贯性。

在教学中要求教师要重视学生实践能力的培养，实施四会教育，即会说、会写、会做、会用；同时要求教师要不断提高自己的实践能力，多下实习场地，深入实际，积极参加教师技能比赛，参与科研活动，将理论、实践与科研有机结合起来。

2. 课堂教学的职业能力培养

职业教育不仅要传授学生专业技能，更要教给学生做人的道理和培养其从业的操守，即要全面、立体地培养学生的素质能力。教师在平时的课堂教学中要注重培养中职学生的动手操作能力、交际沟通能力、适应社会能力、团队协作能力、开拓创新能力等，要将这些方法和习惯的培养，贯穿于整个教学过程中，这样才能有助于学生职业能力的提高。

3. 课堂教学的师生互动和以学生为中心

《基础教育课程改革纲要（试行）》指出，"教师在教学过程中应与学生积极互动，共同发展"。自从联合国教科文组织提出教学过程从以教育者为中心向以学习者为中心转变以来，以学习者为中心的理念已被国际社会广泛认可。对中职教育而言，以学习者为中心是实现中职教育有效教学的必然选择。所以中职课堂教学应是师生共同参与的教学过程，是生命的共同投入、互相交流、互相思维、互相碰撞，师生之间的情感交往、沟通的过程，是一个动态的、发展的、教与学相互统一的交互影响和交互活动过程。

4. 课堂教学的趣味性

从某种程度上说，中职专业知识抽象、枯燥，这些知识的掌握需要付出意志努力。传统"一言堂"式的教学必然会使学生缺乏生气与活力，丧失兴趣与动力，如果中职教师善于利用兴趣、好奇心、情感等非智力因素，注重营造生动、宽松、幽默的课堂氛围的话，能够更好吸引学生的注意力，激发学生学习兴趣。

5. 课堂教学的创造性

青少年天真活泼，好学，好表现，教师若是给予学生一个平台，他们就有更广阔的空间来开创自我。培养富有创造力的学生，关键要有创造型的教师。创造型教师是指那些善于吸收最新教育科学成果，将其积极运用于教学中，并且有独特见解，能够发现行之有效的新教学方法的教师。

二、了解中职生的学习心理

有效教学是教与学互动的结果，学生是开展课堂有效学习的主体，是中职教师工作的客体和对象，只有学生通过接受教学获得了具体的进步与可持续发展才是有效的教学，这就决定了职业教学应该以生为本，中职新手教师必须具有研究中职生的意识。

（一）如何了解中职生学习心理

中职生的心理需求和认知特点是内在的，中职新手教师如何研究了解中职生的学习心理，选用一定的方法和技巧是必需的。

1. 理论学习方法

学校的岗前培训和心理学、教育学等继续教学课程，阅读有关中职生心理健康、认知学习方面的书籍、文献、调查等，一般可以正确、系统、全面地了解所任教的中职生的心理需求。

2. 问卷调查方法

教师可以对学生喜欢的学习方式、教学方式、考试考查方式、对该门学科的期望所需知识等内容以问卷调查的形式，在学期开始或者学期末等时间发放给学生填写，汇总后了解学生真实心理和认知需求。

3. 与学生接触观察方法

新手教师可以利用课前、课后与学生聊天，在课堂教学中提问、讨论、练习、作业、活动和项目工作中观察，通过与学生的交流碰撞，获得第一手的认知资料，逐渐深化对中职生的认识。

（二）中职生的心理特征和学习心理

中职生的年龄一般在十五六岁至十八九岁，正值青春期或青年初期。中职生是特殊的学生群体，是"心理上的断乳期"和第二次危机时期，是由自然人向社会人发展，完成社会化任务的关键时期，正值从心理幼稚走向成熟的过渡时期，也是他们的个性人格趋于定型的时期。现阶段的中职学生大部分具有缺乏学习目标或者学习目标不明确、情绪不稳定、自控能力较差、缺乏应有的积极理想和追求，逆反心理严重等心理特征。但中职生身体素质较好，擅长运动，人际交往的形象思维较强，渴望独立，勇于表现自我，好奇心和求知欲旺盛。与普通高中学生相比，中职生更擅长察言观色，更能够善解人意，即一方面，他们乐于进行人际交往，交往频率高，交往能力强；另一方面，交往的对象更加广泛，不仅仅是教师、父母、同龄人。

在对中职学生学习现状的调查中发现，中职生普遍存在文化基础较为薄弱，自信心不足，学习兴趣不足，语言、抽象思维、计算机、数理逻辑推理等方面的能力较差，学习习惯较差等现象。通过对青年学生的认知阶段的研究发现青年学生倾向接受新奇的而非已知的、叛逆的而非顺从的、感性的而非说教的、贴近的而非陌生的知识，更热衷于可以让自己可触可感、可以参与进去的讨论主题。

三、精心备课

备课是课堂教学的起点和基础，是教学过程中必不可少的基本环节。有效教学更离不开高质量的备课，精心的备课是课堂有效教学的源泉和关键要素。

（一）广义的备课和狭义的备课

广义的备课不专门针对某一学科，是指日常多领域的学习积累，丰富的生活阅历，不断提高的教学能力，日臻完善的教学艺术等。狭义的备课就是大家通常所指的针对课堂教学所做的备教材、备学生、备教法等一系列直接准备。本文以狭义备课为参照。

（二）备课的方法

1. 独立备课

独立备课是中职教师较常用的备课方法。这种方法重视教师的独立钻研、自主设计教学内容和教学过程。

2. 小组备课

中小学普遍开设精品课程或公共基础课程，这些课程中往往采用团队集体备课的方法，各位教师分工合作，每位教师重点备其中的几章内容，所有教案资源共享。这种小组备课的方式更有利于教学的规范化，各位教师可以有更多的精力修改和完善教学内容、教学资源和教学方法，而且更有利于初任教师的教学规范和教学能力的成长。

3. 双向性备课

双向性备课是把教师的权威性备课权下放给学生，让学生预习提出一些问题，然后将这些问题设计到教案中。

4. 反思性备课

反思性备课是一种常用的高效的备课方式，是将备好的课进行实践，把实践所获得的信息渗透到新教案中，进行二次增、删、调整、修改、优化的备课方式。

（三）备课过程

备课是备教材、备学生、备教学目标、备课堂行为、备教法、备教学程序设计、备课件表现形式和备学生作业类型和布置等过程的统一。

1. 备教材

对于中职教学而言，备教材不仅意味着要备课程选定的教材的章节内容，还要备其他参考教材相关章节的内容以及备相关文献、论文、本专业及本章节国内外研究的最新进展和研究成果。在备课的过程中不要平均使用力量，要突出重点，突破难点，增加趣味性还要有中职教学的特点，突出学生专业技能和职业素质的教学与掌握。

2. 备学生

教学的对象是学生，学生是教学活动的主体，教师教的过程就是帮助学生学的过程，学生学习是探究式学习，课堂教学是师生共同探究、共同创新、共同进步的互动过程，学生的心理、学习需求和认知风格是课堂教学活动的出发点。教师要深入地了解自己的教学对象，既了解一般情况，也了解个别差异；分析学生的智力差异、认知差异和性格差异，以及不同层次学生的学习情况、学习特点；分析什么样的学习目标适合他们，怎样启发学生最快最有效地达到学习目标，哪些技能该让学生掌握，哪些知识该让学生自主发现，自我建构。

3. 备教学目标

有效的课堂教学必须要满足特定的教学目标，要落实教学的知识与技能、过程与方法、情感态度与价值观三个维度的目标。一堂好课，必须在正确处理知识技能、注重方法能力的教学同时，要注意与情感和责任等方面的培养实现有机结合。

4. 备课堂教学行为

有效教学如何将教学目标分解在课堂教学中、演示技能如何操作、教学时间如何掌握等都要依赖于教师的教学行为。主要的课堂教学行为有：讲授行为、倾听行为、讨论行为、练习行为、反馈行为等。在很多的课堂教学时间和空间中，除了教师的讲授行为外，可以增加其他教学行为引导学生解答和思考，让学生共同参与教学，达到课堂教学的有效性。

5. 备教法

教学方法是在教学过程中，教师和学生为实现教学目的，完成教学任务而采取的教与学相互作用的活动方式的总称。方法决定解决问题的策略和路径，正确的教学方法是成功教学的保障，巧妙的教学方法是最有效的教学方法。

6. 备教学程序（环节）设计

传统的教学程序有：新课引入—新课讲授—理解新课—巩固新课—作业布置。对于中职课堂教学来说，增加了实践环节的教学比重。结合专业的设置，教学重点在于技能、专业素质的培养、学习和掌握，在教学环节中增加专业情境设置或者任务导入、提出任务要求、学生动手操作、学生评价等环节，达到学生真正学有所用，理论与实践的结合，提高课堂教学的成效。

7. 备课件的表现形式

PPT媒体授课在中职学校是一种十分普遍的有效方法，中职教师除了通过参加学校培训或者自学等方式提高PPT课件的制作水平、适当地借助动画效果增加课件的趣味性外，更要注重幻灯片制作的少而精、图文并茂，要有利于学生听讲和记笔记，要能突出重难点，能有利于教师对所教的学科课程做到懂、透、化，而不仅仅是照本宣科或者是炫耀电脑技术喧宾夺主。

8. 备学生的作业类型和布置

我国传统的课堂教学中，教师很看重学生能够独立思考、独立完成作业的能力和自主学习意识与行为的培养。而现代社会对中职生的要求已发生了深刻变化，越来越注重人与人之间的沟通交流、团队合作等能力的培养。作为有效教学教师，除了适当布置一些书面作业或口头作业、开放性的作业和指定性作业，还要布置一些作业类型使学生能够感受到合作学习的乐趣，即帮助学生在自主学习的基础上发展合作学习能力、团队合作沟通能力、待人接物能力等。

四、教学得法

"教学有法，但无定法，贵在得法。"根据中职学生大部分学习基础较差、厌学等特点和中职教育的目标，如何在课堂中调动学生的学习热情和学习主动性，如何改善教学的方法和艺术攻克教学关，是中职学校教师尤其是新手教师需要研究的地方。

1. 常用的教学方法

目前在中职教学实践中运用的方法举不胜举，有人做过不完全统计，卓有成效的教学方法有700多种，但运用较多的有讲授法、案例教学法、示范指导法、分组法、问答法、演示法、实践练习法、兴趣法、讨论法等。目前较为流行和受学生欢迎的教学法是现场模拟操作法和设置情境导入任务法。

2. 采用现场模拟操作法，实现"教学做合一"

职业学校的专业课大多与实践结合得较紧密，如果专业课的教学继续沿用传统的理论教学方法进行，学生往往容易出现倦怠，而且专业课的许多知识点枯燥，难以理解。采用现场教学法，实现"教学做合一"课堂模式。具体说就是教师把学生带到教学的实训基地或生产部门，采取教学做循环教学，利用现场实物在做中教，在教中做，通过学生的不断观摩学习训练，培养学生解决实际问题的综合能力和岗位职业能力。具体操作过程可分为三步走：教师通过实例（物）、实验或电脑多媒体演示教学，布置具体学习任务，把学生分成不同的学习小组，进行操作训练强化，突出学生能力培养和技能操作。

3. 设置教学情境导入任务法

根据教学内容设置具体的、现实的情景，引导学生主动参与教学过程，不断激发学生的学习主动性。给学生提供学习的目标和思维的空间，这样学生的主动学习才能真正成为可能。例如房地产行政事务课程"房地产招聘"内容部分，设置具体的房地产公司招聘情境，导入招聘计划书、招聘现场安排等任务，引导学生主动参与其中并不断地讨论、表演，真正地成为课堂的主人。

五、加强教学反馈

叶澜教授指出："一个教师写一辈子教案不一定成为名师，但如果一个教师写三年教学反思就有可能成为名师。"波斯纳于1989年提出了一个教师成长的公式：经验+反思=成长。中职新手教师必须在教学实践中不断加强教学反馈，反思教学，改进教学。

1. 获得教学反馈的途径

中职初任教师获得教学反馈的途径主要有：教师专家等的听课反馈，课后与学生交谈，课堂观察学生的课堂学习状况，召开学生代表座谈会以及"学生评教"活动的反馈信息等。

2. 正确对待中职学生的评教

清华大学副校长谢维和曾说："让学生满意的课堂才是真正有效率的课堂。"学生评教是对教师教学工作的反馈，也是学校常用的教学管理的手段。扣除掉部分学生打分根据喜好、不负责任等主观因素，学生评教基本上客观。根据教学反馈的结果，中职新手教师适当在问题较多的因素上进行改进，对于肯定的部分进一步发扬。

六、开展专业技能培训和学术研究

1. 专业技能培训

中职专业课程教学的学习内容来自企业的生产实践，来源于典型的职业工作任务。在这些具体的实践面前和纯理论性的大学教育背景下，初任教师发现自己在知识与能力方面的不足，体验到对生产实际、工作过程的不熟悉。这就促使初任教师从学校走向生产和工作实际中，了解企业的生产实际，熟悉工作过程。目前，初任教师参加专业技能培训的方式主要有三个：一是学校专业课教师培养中长期规划。通过送专业骨干教师外出考察培训、与知名职校建立友好互助关系，组织骨干教师学习取经，尤其是在寒暑假派专业课与实习课教师到当地大中企业体验锻炼，了解企业发展的新情况、新改革、新技术等，从而提高教师的业务能力。二是聘请专家开设讲座。学校有计划地聘请行业专家来校开设专题讲座，使教师及时了解教育教学研究的最新成果，并联系教学实际，运用于教学之中。三教师自行到校实训室等学习操作技能等方式。

2. 学术研究

中职的使命不仅是教育人，而同时要成为知识创造的源泉。中职教师可以有多种方式和渠道进行学术研究：参加学术讨论会，与专业教师讨论学习，通过阅读文献学习等不断扩充自己的知识面和提高自己的理论水平。青年教师也应积极学习，取得与所教专业相对应的执业资格证书，成为"双师型"教师。

总之，有效教学是教育者始终追求的目标和理想。中职新手教师更应该不断思考与实践课堂有效教学的策略，尽快完成自身角色的转变，尽快胜任中职的教学工作，尽快从一个新手教师成长为专家型教师。

参考文献：

［1］宋秋前.有效教学的含义和特征［J］.教育发展研究，2007（1）.

［2］牟海燕.国内有效教学的含义和特征研究综述［J］.读与写（教育教学刊），2008（10）.

［3］郭耀邦.中等职业教育培养目标的时代调整［J］.教育与职业，2001（2）.

［4］孙华.浅析提高专业课课堂教学的有效性［J］.黑龙江科技信息，2009（34）.

［5］欧阳春燕.中职学生职业能力培养研究［D］.长沙：湖南师范大学，2008.

［6］刘晓旭.新课标下中职学生创新思维能力的培养［J］.黑龙江科技信息，2011（3）.

［7］姜亚明，沈晓昕.基于学生视角的职业学校有效教学策略研究［J］.哈尔滨职业技术学院学报，2010（1）.

［8］黄两旺.把握青年学生认知特点　优化思想政治教育网络平台［J］.赤峰学院学报（汉文哲学社会科学版），2008（12）.

［9］万学成.关于中职学校教师备课的几点思考［J］.科技信息（科学教研），2007（18）.

［10］王屹，王忠昌.对中职教师教学方法设计的调查［J］.职教论坛，
　　　　2009（10）.

［11］熊小燕，郝京华.论大学新手教师课堂有效教学的策略［J］.教育与
　　　　教学研究，2010（2）.

（本文发表于《科教导刊》上旬刊2011年第8期）

知行合一，做地产经纪的劲草真金

——教师企业实践总结

执笔：窦方

根据学校安排，我于2016年9月至2017年1月到广东中原地产代理有限公司（以下简称中原地产）参加企业实践。中原地产为香港中原集团成员，成立于1994年，在广州历经23年稳步发展，是业内唯一连续10年获广州市工商行政管理局颁发的"守合同重信用企业"称号的公司，更以行业首创的"一二手联动销售"模式，成功代理众多知名楼盘，取得瞩目的成绩。近几年，公司业绩更是频频刷新历史纪录，取得骄人成绩，成为地产中介行业当之无愧的领军企业。

伴随着在中原地产充实而忙碌的房地产经纪实践工作，整个学期在新鲜感和忙碌感中转瞬即逝，回顾这四个月来的企业实践学习生活，感触颇多。清楚地记得为了学习如何租单签单，站在19岁同事身边端茶倒水三个小时；无数次在独自看房过程中打开一扇扇陌生房门，映入眼帘的是污浊与破旧；晚上十点多钟的漫漫归途；敲开车窗递送宣传单页被推出的谩骂声……在一线的地产经纪真刀真枪实践中更重要的是学习了现代房地产互联网思维下行业的新技术、新知识、新政策，真实体验了地产销售的工作环节，感受了房地产销售人员的工作强度与压力，在实际工作能力提升的同时更重要的是历练了自身的抗压能力和不同工作环境的适应能力。

一、企业实践主要工作内容

1. 房地产按揭业务实践

2016年的9月，我在广东中原地产子公司汇翰按揭代理公司进行房地产按揭服务的学习实践。按揭服务作为二手房买卖的一个重要售后环节，对于买卖双方顺利完成交易，获得完美服务体验至关重要，同时作为一名地产销售人员，必须要了解最新房贷政策和按揭贷款办事流程才能事半功倍。在半个月的培训与实践过程中，通过在业务部、权证部、银保部、网签管理部等部门的集中轮岗学习，了解了按揭部门架构运作及相关工作职责、网签的运作流程、各银行的按揭贷款政策和公积金贷款的运作流程，更认识到按揭业务人员业务知识内容信息量庞大、工作细致全面的特点。

在部门实地培训过程中更感受到汇翰同事的无限关怀，钟思慧经理经验丰富、态度和蔼，业务部莫静总监更是细心耐心指导，所有这些都让初入中原的我分外珍惜这次培训机会。而且更重要的是弥补了自己按揭理论知识和实操经验的缺失。例如，更新了按揭贷款政策，如广州市公积金10月10日出台的关于收紧贷款额度的政策。在实操中了解了整个具体化的按揭贷款流程，如业务部落案、开案、打件、签件、安排买家签贷款合同，银保部送银行审批、银行出《同贷书》，房管部安排买卖双方核价缴税、递件等，若有卖方要快速拿到尾款可申请办理税单快速房贷业务，若无等待领取房产新证，归档，办理抵押登记，出押后银行放款，最后是客户资料的退件。接着是恶补了网签的具体操作流程，要拿卖方与分行签订的中介服务合同、买卖双方的存量房买卖合同、买卖双方身份证、卖家的房地产权证、中介服务费确认书、网签服务确认书、查册表、购房资格书，由网签部同事录入到房产局指定的网签网页，如有误差反馈申请变更、撤销网签等，还有网签更改报价不能报低，只能调高等实操规则等。

2. 二手房销售业务实践

2016年的10月在小北应元路中原地产分行做二手房销售实践工作。该地段为广州市配套成熟的老城区，特别是教育配套出众。在一个月时间内我动手实操了行西、复业主盘、看钥匙盘、做二手网盘、接门口客、配盘、约客带看、复客、逼定签约及售后等一系列工作环节，了解了区域房地产市场情况、买卖学区房的技术要点、房改房上市具体操作方法、继承等业务政策规定及地产分行的企业文化，特别是住房城乡建设部等部门《关于加强房地产中介管理促进行业健康发展的意见》下中介门店的管理对策和具体的应对方法。

在二手学位房的销售和与同事相处过程中，所在分行相处气氛和睦，大家相互帮忙，干劲十足。但也发现业务人员素质参差不齐、整个行业恶性竞争等不良现象，如经纪门店管理多以小组为单位，组别与组别之前竞争残酷，基本上不交流，发生组别之间互撩客、签单后做梗等恶性竞争事件；经纪业务中买卖单利润高，同事们争做买卖单，不做租单，不跟租客，租单成为初入行同事的练手活；一些业务人员不注意工作细节，看房后不关电灯遭业主投诉、电话骚扰客户等问题频发。

3. 一二手联动销售业务实践

2016年11月在番禺东浦广场中原地产呼叫中心进行一二手联动销售实践工作。一二手联动呼叫中心已经成为业内常见的地产销售形式。在为期一个月的时间里，实践了一手楼盘踩盘、做一手网盘、电话call客、外出拓客、楼盘打街霸、约客带看、复客、现场带看、逼定签约、售后等联动销售流程，从中了解了房地产电商运营模式，感受了一二手联动独特的销售模式、写字楼式的办公环境、细致深入地对客说辞研究，学习到一二手联动的要点"电话+网络+外拓"重复做、持续做、坚持做，深刻认识了外出拓客不同的操作方式，总结了电话销客的话术和模式。

在整个实习过程中，黄念洪经理在专业知识等方面给了我很大帮助和鼓励，杨志雄区域经理针对楼盘卖点、团队精神状态进行多次有效分享与培训，每次培训完工作心态更为积极开放。当然，在与一线营业员的合作学习中也发现一些问题：所在小组整体合作少，两三抱团，合作度不高；团队新人的培训较少，经验主要是靠自己工作实践摸索而不是很专业的培训；做网盘和电话call客中多用虚假信息宣传吸客，网盘中楼盘信息不符、约客说辞过于浮夸，客户到现场的时候才发现不是广州的楼盘而且距离不符等，影响行业与公司形象；联合代理竞争现场混乱，分行同事为争夺客户常有口角发生。

4. 企业培训课程跟进与讲授

2016年11月底到12月在中原地产总部培训部实习，跟进企业迎新课程、内训师课程、二手特工队培训课程等。迎新课程为企业培训部讲师面对新员工关于企业发展历程、企业集团大咖、企业文化、企业规章制度、企业薪酬福利等的知识培训。而内训师从企业优秀一线业务人员中选拔，经过公司系统培训，为营业员讲授具体业务知识，如新思维下的网络销售、二手摆台秘笈、联动带看、优势逼定等实际工作的操作方法技巧。在整个实习过程中了解了企业组织架构、企业文化及企业课程的课程体系，学习了企业课程的课件编制、考核方法，认识了企业培训师的教学组织及教学技巧、部门活动组织策划等。

5. 企业文化活动体验与参与

在实践工作中也参与了广东中原地产首届员工运动会的筹备、组织和开展环节的活动，作为运动会后勤人员参与了现场道具的摆放、指示牌的准备、运动员的检录等工作，也现场见证了公司六千人集会的盛况；参与公司举办的DSA（杰出销售人员）的初选、预赛、培训和总决赛活动，在活动中了解了大赛的发展历程、比赛规则、比赛的技巧要点等，作为后勤人员现场感受了一线优秀销售人员的比赛盛况。

二、企业实践对专业教学的启示

1. 以素质为抓手，着力培养学生的职业素质

房地产经纪行业的回报率高、收入较之其他行业较高，不仅需要丰富的专业知识，更需要较高的职业素质，如吃苦耐劳、团队合作、诚实守信等。房地产经纪在目前社会中职业认同感不高，且存在着行业素质不高、行业口碑不好的评价，这些现象除了跟房地产行业监管制度相关，也跟从业者门槛相对较低有关系。作为专业教学更应该反思，在日常教学中如何强化培养学生的职业素质，为日后的房地产经纪行业培养高素质人才。

2. 与行业接轨，密切校企合作

房地产经纪行业发展迅速，业务知识繁杂且实操性强，特别是近些年信息技术的发展加速了行业的更新换代。企业实践是学生和教师最好的学习平台，可以探索线上线下更多形式，增加师生实践机会。

3. 以技能竞赛带动专业学习

在行业实践中参与了公司杰出销售人员的培训、选拔等，学习了房地产销售技能竞赛形式内容，体验了专业人士的专业素质和业务能力在比赛过程中的层层拔高，在日常的专业教学和学校的技能竞赛中可以探索更好的形式，如改变技能项目、竞赛内容形式上与时俱进等，更能激发学生专业学习热情，提升专业技能。

本学期的企业实践经历每次回望都感触良多，不失为人生中一次重要历练，由衷感谢学校给予的这次锻炼机会。"每一次放低都是未来角度的提升，每一滴汗水都是日后生活的从容，每一种坚持从来都不是弱者的特权。"时刻勉励自己做业务知识的劲草真金！

深入企业实践　促进专业发展

——教师企业实践总结

执笔：刘鹏

根据学校安排，2017年第一学期我到广东合富房地产置业有限公司进行企业实践。广东合富房地产置业有限公司是广东地区知名的房地产中介公司，实力雄厚，有着悠久的历史和稳健的企业管理，业务范围广泛，涵盖房地产一手和二手销售，与我校也有着深厚绵长的交情（长期稳定的校企合作战略伙伴）。鉴于我校房地产营销与管理专业的主要目标岗位为房地产二手经纪，因此深入了解房地产二手经纪的工作方式、岗位职责、业务范围、业务流程等就非常必要。综合考虑，为更好提高教学水平，增强教学的实用性和针对性，我选择到一线门店的二手经纪岗位进行实践。

在实践期间，思想上严格要求自己，以习近平新时代中国特色社会主义思想为指引，明辨是非，不断提升自己的政治意识、大局意识，以党员的标准严格要求自己，从教师、房地产二手经纪两个职业角色不断提升自己。实践一个学期以来，工作踏实，积极主动，无论是行业知识，还是专业技能都有了较大的提高，收获不少。

一、企业实践的主要工作内容

1. 学习企业工作制度和业务流程

进入实践岗位后，首先和其他员工一样进行了为期5天的培训，主要内容为公司业务的基本操作规范和业务人员的从业规范。其中比较重要的有四个方面：一是职业道德的遵守。公司对员工的职业道德要求比较严格，必须保障客户的利益，严禁个人为了私人利益损害公司和客户的利益，对此有非常详尽的规定。二是公司的工作流程，为后续工作提供便利。三是要掌握好公司的信息平台的使用。尽量通过信息平台完成工作，提高工作的效率。四是相关房地产法律和政策。准确理解房地产的相关法律，避免造成客户、公司的损害，还要及时了解政策变化，为客户提供准确的政策信息，避免因为政策的变化导致客户利益损失，特别是限购、限价、限贷政策。

从教学的角度看，我们需要加强学生在信息技术利用和法律政策方面的学习。目前企业办公基本实现了信息化，主要的手段有微信、APP、网络平台、钉钉。使用微信与客户进行实时沟通，发送资料和信息，及时获得反馈；通过APP进行报备、资源存档、资源查阅；通过钉钉联系公司不同部门的负责同事，及时跟进或者了解相关信息；通过网络平台获取公司信息，完成基本办公业务等。

而法律政策方面由于国家对房地产不断进行调控，出台政策或者法律条文比较频繁，因此必须及时跟进学习。比如哪些区域是限购的，哪些房产类型是限贷的，房产出售的税费如何计算，等等，如果说的不对甚至不会，就会大大影响成交甚至会引起纠纷。一般在新的政策出台后，公司会进行专项培训，对政策进行解读，门店内部也会进行座谈分享，公司内网也可以下载相关的学习资料。比如前段时间出台的租赁贷款新政，公司就目前市场的实际操作方式、政策的意图、可能会带来的影响等进行了学习和研讨。

2. 熟悉二手房交易

二手经纪业务工作内容是寻找房源、客源，带看，洽谈签约，协助客户办理房地产按揭和过户手续等。

寻找客户和房源的主要途径就三个：打电话、做网、门店接待。打电话是其中最为重要的一个途径，其优势是快捷，效率高。公司一般会储存一些楼盘的业主电话，通过反复咨询业主，从而找到新的房源；而公司内部系统会保留在公司成交的客户电话或者来访的客户电话，通过这些资料可以找到短期内有购房意向的客户。

做网的优势是面广，成本低。目前主要的房地产二手交易网络平台有安居客、58同城、搜房网等。经纪人员需要自己购买平台的使用券，一般按照月、季度、半年、一年进行计费，价格从三百到两千不等。做网主要是吸引买房的客户，因此如何推介房源就显得非常重要。网络上的房源很多，客户在条件相差不大的情况下很难迅速做出选择，但如果看到自己心动的房子就会迅速联系经纪。

门店接待的主要对象是门店附近楼盘放盘的业主、附近楼盘意向租客，也有少量买房客户。门店接待需要注意的是了解清楚房源或者客户的情况，并留下联系方式，便于后续跟进。门店接待的顾客基本是有迫切需求的，如果沟通得比较好，很容易迅速达成交易。

从我们目前的专业教学来看，需要加强与客户沟通（打电话和门店接待）的技巧学习和网络房源推介的学习。一般来说，要想获得与客户良好的沟通，需要经验积累和人生的历练，通过加强锻炼也可以短期内获得较大的提高。在门店，新入职的员工一般会跟一个师傅学习一两个月，其中一个主要的目的就是观察和学习这种沟通的方式和技巧。网络房源推介是目前专业教学还比较薄弱的地方，学生很少有实践操作的机会，不会在网络上推介一个房源。事实上，二手房有50%左右的客源来源于网络。要成功推荐一套房源，需要拍摄好的照片、吸睛的标题、详尽的信息等，及时更新。

带看的技巧需要通过实践来学习，在学校难度较大，只能纸上谈兵，客观条件上缺少丰富的房源。但是可以学习带看的基本原则、基本思路。带看一个很重要的方面是通过看不同的房源了解客户的真实意图，或者说购房者的具体需求，比如朝向、楼层、价格预算、户型等。在了解了客户的真实意图后，通过合理安排带看房源，促成客户尽快成交。

在按揭贷款和过户手续办理方面，二手经纪会和按揭公司合作，按揭公司会提供及时准确的按揭信息，也会提供过户手续办理协助，作为二手经纪只要了解基本的流程和操作就可以了。

3. 熟悉一二手联动业务

一二手联动业务的主要工作是踩盘、寻找客户、带客户看楼。目前广东合富房地产置业有限公司一个主要的业务方向就是一二手联动。在这个方面投入了较多的资源，基本上每个月代理广州周边在售的一手楼盘达到150个以上。一二手联动的优势是不需要买房者支付中介费（如果成交，开发商会给经纪公司一笔推广费），不需要经纪长期跟踪客户办理相关手续（按揭贷款、过户、交房等）。加上房源较多，相对市中心房价较低，成交比较火爆，因此一手代理成为合富一个主要的营收来源。一二手联动的基本工作是：踩盘、寻客、报备、带客。

在带客去一手楼盘之前，经纪需要踩盘。所谓踩盘，就是楼盘开盘前，开发商会安排一个时间给二手经纪们先做一个总体的楼盘介绍和价格交底。通过踩盘，了解楼盘的亮点，比如户型、环境、配套、价格等，为后续推介找突破口。

寻找客户主要是打电话和发布朋友圈。公司系统会对客户进行分类，经纪申请后就可以得到一些客户的电话号码，这些客户是在公司成交物业或者来电访问的。还有一个重要的方面是蓄客，即之前联系的一些意向客户，但是还没有成交，如果新的楼盘合适这个客户就可以带客户去看房。一个经纪能否长期做好，一个非常重要的资源就是蓄客量。蓄客量越大，发朋友圈的效果就会越好。

带客户看楼前必须要进行报备，通过微信和APP进行客户信息登记，到达现场后还要现场确认登记，这些程序一定要按照公司的指引来做，否则就可能产生纠纷，无法得到推广费。带客户看楼有时候不会只看一个楼盘，合理安排路线会比较容易达成客户的需求。另外，如果可以的话，尽可能联系一个比较熟悉、比较热情的内场销售，这样会容易促进交易（如果楼盘采用轮岗制，就无法实现了）。

从我们教学来看，需要加强带客户看楼环节的训练。一是要有路线设计的意识；二是在楼盘推介方面，要掌握突出楼盘的优点（对比分析是常用的方法）、打动客户的技巧。

4. 学习网络平台推广

网络平台推广是二手经纪非常重要的一部分工作，特别是二手交易。主要的推广途径有微信朋友圈、网络平台（安居客、搜房、58同城）等。经纪把一些房源的资料发布在网络上，从而吸引到客户。网络推广，资源的更新比较重要，更新频繁会更加靠前，从而让客户更加容易看到。微信朋友圈是一个比较便捷的渠道，但是如果内容过多，也不一定好，甚至会有相反的效果，所谓过犹不及。寻找一些合适的切入点和标题是微信朋友圈的一个非常有技巧的工作。在门店，主管们会组织一些发布朋友圈的技巧心得分享会。

二、企业实践带来的启示

1. 重视职业素养的培育

和工科类不同，房地产营销与管理专业的学生今后的工作更多的是面对人，而不是具体的物。与人面对面，其实就是一个人综合素养的展示，绝不仅仅是技能。要做好房地产销售工作需要有吃苦耐劳的工作态度，需要积极主动的工作意识，需要耐心细致的工作风格，需要灵活多变的工作方法。学习过程中，可能教师和学生感觉这些是非常虚无缥缈的，也无法量化评价，但是在工作中，客户的感受就是那么的真真切切，一览无余。

在实践期内，我对门店的同事进行了观察，也与一些同事就此进行了深入的探讨。我发现：从短期（三个月以内）来看，无法识别职业素养对工作的影响程度，有时候运气是很重要的一个因素，努力优秀的经纪不一定能够达成较高的业绩目标；但是从长期来看，结果就很明显了，有较好业绩延续的经纪在工作上确实有自己一套方法，或者直白地说其个人职业素养水平（能思考、能吃苦、能学习）较高。这一点从合富置业各个层级的主管、经理们身上可以得到更加明确地证实，他们的工作态度、工作意识、工作风格、工作方法，是他们成功的基石。

考量我们目前的教学，可以从以下方面改进，以更好地培育学生的职业素养：

（1）强化教学过程管理考核。比如纪律考勤，督促学生不迟到，不早退，培养守时的服务意识和时间管理意识；增加一些作业量或任务，培养学生吃苦耐劳的精神，知晓成功来之不易；提高作业或者任务完成的质量要求，督促学生追求自我突破，收获超越自我后的巨大喜悦。

（2）强化主动意识的养成。我们可以在专业课程教学演练的过程中，增加对主动性的要求，提高分数比重。比如在门口接待的训练中，考查经纪（训练模拟角色）是否主动到门口微笑迎接，是否主动询问客户的需求，是否主动迎客进入门店，是否主动给客户名片和倒水等细节。通过强化这些小细节，让学生知晓如何主动让客户体验到宾至如归的感觉，提升购房的体验和增加对经纪的好感与信任。

（3）加强面对面的交流练习。在教学的初始阶段，学生通过撰写脚本、背诵脚本进行模拟，但是到了现实工作中碰到很多不同的客户和不同的问题还是会慌乱，找不到合适的解释，无法从容面对，所以我们的专业课教学可以设置为阶梯式的提升，从记、背提升到情境应变对答。教师可以作为客户或者通过电话接触真实的客户，锻炼学生的胆量和应变能力。

（4）任务安排赋予学生更多的发挥空间，引导其个性发展。学校教学很多是统一规范式的，而实际工作中，个人往往体现出不同的风格，有些沉稳，有些机灵，有些豁达，这些风格没有好坏，但是在工作中需要进行一些修正，过于沉稳会被人认为不够灵活，过于机灵会被人认为不靠谱，过于豁达会被人认为不够细心，我们要做的就是在教学中既要让每个学生敢于表现自己的风格，又要能够在教师的引导下更加贴近工作需要。在教学过程中，可以多采用探究式教学，尽量给学生发挥空间，同时利用微信、课堂多进行个人或者小组的辅导指引，真正实现因材施教。

2. 构建多层次、多方位、成体系的常态校企合作机制

从之前的冠名班到现在的学徒制，职业学校和企业的校企合作得到了政府、社会的广泛认可和推动，但是从实际操作上来看，还有待进一步突破。首先，目前的合作大部分是学校层面和企业的合作，通过设置冠名班或者学徒制班的形式来进行，缺少小组形式或者个人形式的交流合作，特别是教师和企业职员相互深入交流较少。最好的形式是学校和企业搭建合作框架，企业部门和教学专业实际操作，双方提供一些空间和选择，个体实施。比如教师可以到企业不同的部门和岗位特别是学生的就业目标岗位实践甚至兼职，企业员工可以选择不同的课程进行讲授，学生可以个人或者小组的形式到公司的某个岗位短暂实践，企业也可以根据自己的需要选择部分学生到不同的岗位实践等。通过这种方式，教师和学生可以更加深入地了解公司和岗位，公司的基层管理人员也可以对学生做出更加详尽的考核和辅导。

这次去企业实践，得到了学校的大力支持，特别是何校长和彭科长给予了真诚的建议和指导，非常感谢学校和领导们的关心和指导。通过这次企业实践，我收获很大：详细了解了目前房地产相关限购、限贷、限价、政策，熟悉了房地产相关税费计算标准，明确了房地产交易的相关环节，了解了房地产经

纪公司相关的管理制度，特别是实践了房地产销售方面的技巧方法。这些收获我会融入今后的教育教学工作中去，对提升课堂教学的趣味性、目的性、实操性有非常重要的积极作用。

附：

教师企业实践内容安排表

时间	部门	工作内容
2017年9月	培训部	学习公司的规章制度和业务操作流程
2017年10月	经纪门店	学习二手房租赁业务（放租、收钥匙、带租客看房、洽谈价格）
2017年11月	经纪门店	学习二手房买卖业务（收集房源和客源、拍照、推介房源、洽谈、签约、过户）
2017年12月	经纪门店	学习一二手联动业务（联动call客、熟悉楼盘、推介楼盘、备案、带看、促成交易）
2018年1月	经纪门店	学习网络平台推广（微信朋友圈、安居客网站等）

第六章

教学成果

以内涵发展为核心的中职房地产营销与管理专业建设

执笔：彭玉蓉

我校是中南地区唯一一所房地产类中职学校，房地产营销与管理专业（以下简称房管专业）开设于1980年，2009年被评为省级重点建设专业，2016年被广州市教育局批准为首批市级示范专业建设项目。学校是住建部中职建筑与房地产经济管理专业指导委员会主任单位，房地产营销与管理专业在全国同类学校中具有较高的知名度和较大的影响力。

一、学校房地产营销与管理专业发展的定位

学校的《专业优化调整方案》中对该专业的发展进行了明确的定位："根据我校房管专业办学历史悠久，省内专业设置唯一性，办学基础扎实，行业背景深厚，品牌知名度高，人才培养效果良好；对应行业发展势头迅猛，人才需求量大，且连续不断，毕业生供不应求，专业可持续发展空间广阔的客观实际，将该专业的发展定位为品牌专业，继续探索更高层次、更加紧密的校企合作模式，继续进行中职文科专业职业化课程建设实践，在不断深化专业内涵建设的基础上，提升专业办学层次，打造成中高职连读的学校特色专业。"

二、制定房管专业人才培养方案

学校从2005年底开始以房管专业为试点启动专业整体教学改革，2008年在工学结合思想的指导下，变革人才培养模式，创建任务引领型课程模式，创新教学组织形式，制定了具有跨越式发展意义的人才培养方案，编制实施性教学计划并从2010级开始进行教学试验和实施。学校于2013年主持完成了《中等职业学校房地产营销与管理专业教学标准》，2014年已经由高等教育出版社出版且在全国推广，2016年主持完成了《广州市中等职业学校房地产营销与管理专业教学指导方案》，2017年4月评审通过并在广州试行。

（一）人才培养目标定位、人才培养模式

我校房管专业的人才培养目标是：培养与我国社会主义现代化建设要求相适应的，德、智、体、美全面发展的，具有综合职业能力，在生产、服务一线工作的高素质劳动者和技术技能人才。面向房地产行业，培养具有基本的科学文化素养，良好的职业道德，较强的就业能力和一定创业能力，从事一手物业销售、二手物业租售、商业物业招商、房产抵押按揭服务及房地产网络顾问服务的应用型人才。

房管专业采用工学结合人才培养模式，学校学习阶段采用任务引领型课程模式，以完善的校内"理实一体化"教学环境为保障，以来源于职业工作任务的学习任务课程为载体，培养学生的职业工作能力和综合职业素养；企业实践阶段以广泛的校企深度合作为基础，以规范的顶岗实习为平台，通过真实环境下的职业实践，强化学生的职业素养和工作能力，培养学生的社会适应能力和职业生涯发展能力。通过学校、企业两个阶段的整体化培养，由模拟到真实，使学生实现由知识到经验，由学校人到社会人、职业人的升华和转化，全面获得并提升综合职业能力水平。

（二）专业课程模式的选取

学校自创任务引领型课程模式，以职业工作和职业标准为依据，以综合职业能力培养为目标，以房地产核心工作任务的操作流程、工作环节为主线，将专业知识、业务技能、工作方法与技巧、计划组织、过程调控、服务意识、团队合作等工作过程知识和职业素质要求等多项内容整合成为对应的课程，校内

建设高仿真度的实训教学场室，让学生在高度仿真的教学情境中学习知识、培养技能。

任务引领型课程的特点为：课程构成系统化、课程目标多重化、课程内容综合化、教学组织工作化、学习情境一体化、学习评价职业化。

（三）专业课程体系的构建

1. 课程设计与开发技术路线

课程开发遵循"岗位需求分析—获取岗位的具体工作内容—根据课程目标选择学习内容—确定学习任务的学习目标—进行工作任务向学习任务的转换—制定课程标准—'任务引领型'教材和教学资源的开发—课程实验、实施与实践"的路径，条理清晰，科学合理。

2. 专业课程开发流程

（1）行业调研确定目标岗位。

（2）进行职业工作分析，寻找核心工作任务。

（3）组织行业专业人士进行职业资格分析。

（4）初步确定专业课程与核心专业课程（课程名称）。

（5）确定课程定位。

（6）对核心工作任务进行由工作任务向学习任务的转换。

（7）构建房管专业课程结构。

（8）基于具体工作任务开发课程，确定课程目标。

3. 构建任务引领型课程体系

从课程体系总体目标出发，在现代职业教育理论的指导下，我们进行了房管专业任务引领型课程体系的构建（如图1）。

（四）组织教学实验和实施

学校在2010级房管专业7个教学班中随机抽取3个班进行了新、旧方案的对比实验，并成立研究小组对实验班和对比班进行教学效果等多方面的对比分析。通过两年的教学观察，对课程设置、教学组织、教学效果、学生评价等多方面进行总结、分析，发现问题，通过多次研讨，修订培养方案和实施性教学计划，并从2012级开始进入全面教学实施阶段。

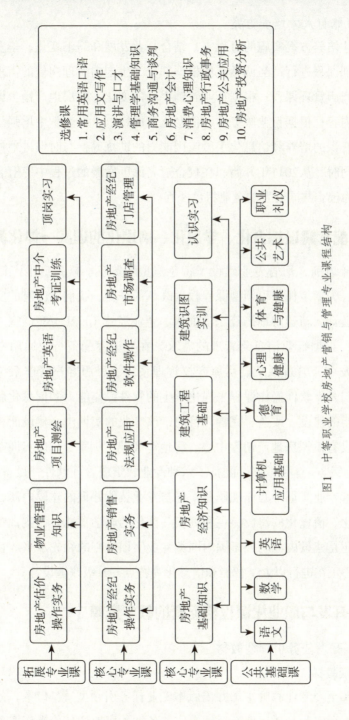

图1 中等职业学校房地产营销与管理专业课程结构

（五）修订人才培养方案

在人才培养方案实施的过程中，结合行业发展和需求变化、毕业生反馈等情况对个别课程进行适当调整，如根据部分学生走向管理岗位的需求，增设房地产经纪门店管理课程；根据行业营销手段的变化，在房地产销售课程中及时补充相关内容；根据行业服务性、信息化发展特点，在教学中增强学生服务意识、信息意识的培养和信息化手段应用能力的训练等，与时俱进地修订人才培养方案。同时，从2011年开始，在校企冠名深度发展的过程中，冠名班的选修课程设置为校企共同开发的企业特色课程。

三、配套建设综合化、学习化、情境化的理实一体化教学场地

2008年以前，房管专业建设了特色户型展览室、模拟房地产销售中心等实训场室，为满足任务引领型课程教学改革的需要，我们对已有的实训场室进行了改良设计，新建房地产经纪实训室、企业经营（ERP）实训室、房地产测绘实训室，根据行业信息化管理的需求，在实训室配备行业通用专业管理软件，如房友中介管理系统、房屋产权管理系统、思源客户管理系统等教学软件，并专门开设软件操作课程来强化学生的软件操作能力和信息化服务能力。经过十余年的建设、改造、完善，目前，该专业的实训中心建设面积达2000多平方米，设有模拟房地产销售中心、房地产经纪实训室、ERP实训室、形体训练室等9个专业一体化教室，配备了六种专业教学或管理软件，设备总值400多万元。房管专业实训中心体现职业素养与专业技能并重的建设内涵，具有综合化、学习化、情境化的建设特色和理实一体化的教学功能。该实训中心无论是建设规模还是建设内涵均处于国内同类专业实训中心的领先水平。目前，本专业实训中心正在进行以人工智能和信息化为特点的升级改造设计。

四、开发与职业化课程相配套的教学资源

（一）开发任务引领型教材

1. 出版教材

2008年至今专业教师主编并出版本专业任务引领型 教材7本，分别为《房地产经纪综合实践》《房地产经纪操作实务》《房地产估价操作实务》《房地

产经纪实务》《房地产销售实务》《公共关系实务》《市场调查与预测》，上述教材分别由建工出版社、劳动出版社、大象出版社出版。

2. 校本教材

结合专业教学需求，开发校本教材3本，分别是《房地产基础知识》《房地产经济知识》和《房地产市场调查》，并每年修订。

（二）开发教学资源库

2009—2011年，通过省级研究课题"房地产经营与管理和物业管理专业特色资源和知识库建设与应用模式的研究"、市级研究课题"房地产经营与管理课程资源建设的开发与应用研究"的立项研究，建设了房地产与物业管理专业教学资源库，共开发了房地产销售、房地产经纪、房地产市场调查等11门课程的教学资源，建设了房地产物业管理专业学习网站。

2012—2016年，在广州市精品课程建设过程中，针对精品课程建设要求，深入开发核心课程教学资源，制作了大量的教学课件、教学设计、微课等，拍摄技能点教学录像，收集具有典型代表性的房地产类专业视频，极大地丰富了教学资源库的内容，并重点建设了房地产经纪操作实务课程学习网站；在示范专业建设过程中，重点开发房地产销售实务课程学习网站。

（三）编写实训手册和考证练习册

为配合任务引领型课程理实一体化的教学要求，组织专业教师编写了《房地产销售实训手册》，该手册与任务引领型的教材配套使用，对提高学生动手能力的培养起到关键性的作用。

为提高学生考证通过率，组织专业教师于2011年编写了《房地产中介考证练习册》，根据行业考证变化情况及时予以修订，2017年3月完善为《房地产经纪考证练习册》和《房地产按揭考证练习册》，同时，资源与企业共享，安排教师到合富置业等企业进行考证辅导。

（四）开发房地产中介考证练习系统

2010年之后，为适应广州市房地产中介考证由笔试到机试的若干变化，提高学生房地产中介考证通过率，学校组织专业教师编制了针对性较强的考证题库，并在学校计算机教师的协助下，开发了考证培训与模拟考试软件，安装在专业教室供全体学生考证培训用。目前正在进行考证练习系统手机版的开发。

五、培养一支素质硬、能力强、成果丰硕的"双师型"专业教师队伍

（一）专业师资素质高

学校现有房地产类专业教师28人，其中校内22人，兼职教师6人。校内教师是一支比较年轻的队伍，平均年龄35岁，全部具有本科以上学历，研究生学历的占50%以上，高级职称7人、中级职称14人，全部具有"双师"资格；市级以上名师2人、市级优秀教师5人。近年来，学校加强师资建设和培训，全部教师的继续教育合格，50%以上的教师参加过教学方法、信息化等专项培训，5人到不同企业、不同岗位参加了企业实践。

（二）专业师资教学水平高

房管专业教师整体教学水平高。近年来刘鹏、窦方等老师多次承担市级观摩课、公开课，在各种级别的教学比赛中获得了较好的成绩，近两年的省信息化大赛中，获一等奖、二等奖各一项，三等奖两项，在行业教育指导委员会举办的首届全国说教学创新比赛中，获二等奖一项、三等奖两项……

（三）专业师资教研能力强

学校以精品课程建设、课题研究为抓手，培育教师的教育教学理念，培养教学改革和创新的意识，提高教育教学水平特别是信息化教学能力和水平。2012年以来，房管专业已完成市级精品课程和课题研究情况如下。

1. 市级精品课程建设

房管专业获立项的市级精品课程5门，其中房地产经纪操作实务、房地产销售实务已获认定，房地产市场调查正在评审中，房地产基础知识、物业管理知识两门课程在建。

2. 课题研究

（1）在研省级研究课题一项，为彭玉蓉老师主持的"现代信息技术背景下中职房地产营销与管理专业教学改革研究"，为"强师工程"的教育科研一般项目。

（2）在研广州市特约教研员课题一项，已结题的市特约教研员课题三项，课题负责人均为彭玉蓉老师，她是第13、15、16、17届特约教研员，4届的研究

课题均与房管专业建设密切相关，如第15届的"中职学校实践教学的有效性研究——以房地产营销与管理专业为例"、第16届的"房地产营销与管理专业中高职有效衔接的研究"。

（3）在研的广州市教研院中职工科立项课题4项（全市11项），如窦方老师的"'房地产销售实务'课程信息化教学策略研究"等；已结题的中职建筑教研会立项课题5项（全市11项），如罗维老师的"'房地产经纪门店管理''任务驱动—实践导向'课型研究"等。

（四）专业师资成果丰硕

近5年来，房地产类专业教师在省级以上公开刊物发表专业和教学论文40多篇，出版专业教材7本，编写校本教材3本，获得省级以上教育行政主管部门教学奖励5项，承担市级以上研究课题20多项，参加各类论文比赛获奖近百人次。

六、深化校企合作，提升人才培养质量

在学校前期行业办学的背景下，经过长期的专业办学实践，该专业积淀了坚实的校企合作基础，建立了宽阔的校企合作平台，实现了校企共建和校企共育两个层次的紧密型合作。在校企共建层面，与越秀城建等30多家房地产开发、代理企业建立了人才储备、教师实践、专家聘请、学生实习等合作关系；在校企共育的双主体育人层面，先后与世联行、中地行、合富置业、中原地产等知名企业建立了冠名培养合作关系，与合富置业建立了现代学徒制合作关系。

学生专业技能或资格考证通过率一直保持在95%以上，远远高于行业考证通过率。实习生、毕业生供不应求，对口就业率一直保持在99%以上。学生培养质量好，毕业生以综合职业能力强、实习就业稳定率高而受到行业、企业的重视，毕业生在行业内稳定发展，成功创业案例多；学校在行业内口碑好、影响力大。

附：

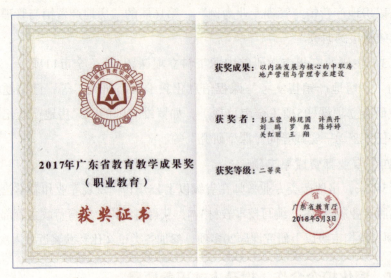

2017年广东省教育教学成果奖（职业教育）二等奖证书

"互联网 +"背景下"双主体"协同培养房地产中介人才模式的创新与实践

执笔：彭玉蓉

一、相关背景

随着国家经济结构调整加快、产业升级加速和城市化的发展，特别是粤港澳大湾区建设的推进，共建大湾区优质生活圈成为共识，可以预见，未来大湾区的吸引力将不断增长，新增城市人口的住房刚需和原有城市居民改善住房的需求导致房地产交易量日益扩大，社会对优秀的房地产中介从业人员的需求势必越来越紧迫。互联网+背景下，互联网与传统行业的深度融合为各行各业的改革、创新、发展提供了广阔的网络平台。房地产中介行业是"人力密集+信息密集"型的现代服务性行业，随着信息技术和智慧城市的快速发展，对房地产中介从业人员的专业能力、学习能力、沟通能力、信息化服务能力的要求越来越高。

校企"双主体"协同培养模式是学校、企业以各自为独立的主体，对双方的优势资源进行协调，培养集应用型、实践型以及创新型为一体的人才培养模式，其本质是为了提高学生的实践能力与创新能力。《国家职业教育改革实施方案》指出，要"促进产教融合校企'双元'育人""坚持知行合一、工学结合""推动校企全面加强深度合作""多措并举打造'双师型'教师队伍"。

我校房地产营销与管理专业（以下简称房管专业）是省重点专业、省首批"双精准"示范专业建设项目和广州市首批中职示范专业，主要面向房地产行业，培养与我国社会主义现代化建设要求相适应的，德、智、体、美、劳全面发展的，具有基本的科学文化素养、良好的职业道德、较强的就业能力和一定创业能力的房地产中介人员。学校坚持知行合一、工学结合理念，从2010年9月开始，与中原地产合作，在房管专业开设首个冠名班——中原班，之后合作企业逐年增加，通过3年与3个企业冠名培养的实践，学校总结出了基于冠名培养下的"双主体"培育房地产中介人才的模式，并于2013年9月开始正式应用于全部冠名班级，其中以合富置业的"雏鹰计划"最具代表性（如图1）。

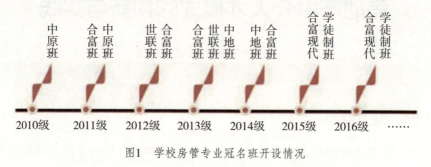

图1　学校房管专业冠名班开设情况

二、"双主体"培育房地产中介人才模式的特点

1. 培养平台共建——创建"六共"育人运行机制

学校积极与区域内具有领导地位的房地产中介企业进行冠名培养，共商育人流程，制定人才培养方案和管理制度，共同承担教学任务；学生和企业双向选择后签订培养协议、独立成班，企业委派人员协同学校进行管理，实习期间安排实习岗位和带教师傅，共同进行实习管理和学生评价……经过与中原地产等企业3年的摸索，创建了"培养平台共建、培养方案共制、指导队伍共组、教学过程共育、教学质量共抓、学生评价共商"的房地产中介人才"双主体"协同育人运行机制，经过与4家企业近6年的教学实践检验，"六共"育人运行机制在深化校企合作内涵，提升校企合作水平，为学校提高教育教学质量和企业提升人力资源水平上提供了有力保障。

2. 培养方案共制——"四融合"特点的人才培养方案、企业课程订制、共建精品课程、开发互联网+的新课程并引进企业游戏化课程等信息化资源

（1）"四融合"人才培养方案。以《中等职业学校房地产营销与管理专业教学标准》为依据，在学校任务引领型课程体系的基础上制定了管理融合、课程融合、师资融合、活动融合的人才培养方案，并结合互联网+、云计算、大数

据等发展态势，将新媒体、新社交工具、新营销技术、新政策等及时补充进教学标准和教学内容，强化学生实习实训。

（2）订制企业特色课程。合作企业为冠名班量身订制企业课程。以"雏鹰计划"为例，企业特色课程安排见表1所列。

表1 合富置业"雏鹰计划"企业特色课程内容（部分）

序号	课程内容	授课形式
1	团队建设：户外拓展培训（方向：克服困难、向心力训练）	户外拓展
2	二手行业发展与业务流程	讲授
3	服务意识（上：什么是服务）	讲授+多媒体
4	服务意识（下：如何体现个人服务意识）	讲授+多媒体
5	行业专业知识（专业名词、基础知识及行盘的要求等）	讲授
6	基础产权分类与认知	讲授
7	电话销售（复盘技巧与演练）	讲授+演练
8	电话销售实践训练（业主类）	Call Center实训
9	电话销售推销训练	Call Center实训
10	商务礼仪（职业形象、个人形象）	讲授+训练
11	基础交易及税费知识	讲授+练习
12	基础法律（法律基础常识）	讲授+训练
13	互动心理训练（方向：抗压能力及意志训练）	室内互动训练
14	基础按揭知识	讲授
15	交易中心参观与交易模拟	观察学习
16	网络盘源上传及网志编辑技巧	讲授
17	客户接待及带看技巧	讲授+演练
18	专业知识及业务技能赛	比赛

（3）共建市级精品课程。2012年至今共申请立项市级精品课程6门（见表2）且均与企业共建，企业参与资料收集、调研、专家访谈会、课程标准和教材

编写，企业培训内容、培训方法、教学资源等被整合进精品课程。

表2 "双主体"共建6门市级精品课程

课程名称	立项时间	负责人	认定时间	合作企业
房地产经纪操作实务	2012年	彭玉蓉	2015年认定	合富置业
房地产销售实务	2013年	彭玉蓉	2016年认定	中地行
房地产市场调查	2014年	李海霞	2017年认定	世联行
房地产基础知识	2016年	彭玉蓉	计划于2019年	合富置业
房地产经纪门店管理	2017年	罗维	计划于2020年	中原地产
房地产法规应用	2018年	刘鹏	计划于2021年	合富置业

（4）共同开发"房地产网络销售"新课程。结合"互联网+房地产中介"特点共同开发"房地产网络销售"新课程，共建教学资源库，校企联合共同执教（见表3）。

表3 《房地产网络销售》课程内容

序号	主题	课时	主要内容
1	基础交易与按揭知识（1）	4	1. 产权证明。 2. 交易流程环环紧扣。 3. 交易税费介绍及练习。 4. 二手按揭贷款知识
2	基础交易与按揭知识（2）	2	
3	基础法律（1）	4	1. 一诺千金：成交锁定靠三金。 2. 实践出真知：开单实操秘籍。 3. 成交法律文书
4	基础法律（2）	2	
5	朋友圈营销技巧	2	1. 引言。 2. 微信朋友圈营销的五大原则。 3. 微信朋友圈营销的五大秘籍
6	精英主管交流会	4	1. 主管分享在合富的成长历程。 2. 游戏互动。 3. 学生与主管交流
7	一手电话销售技巧（语音语调）	2	1. 声音魅力。 2. 电话形象（礼仪）。 3. 语音语调

续 表

序号	主题	课时	主要内容
8	一手电话销售技巧（话术设计）	4	1. 电话形象。 2. 不同口径。 3. 产品优势。 4. 了解需求。 5. 异议处理。 6. 邀约
9	一手电话销售技巧（NABC法则）	4	1. 击破电话销售障碍。 2. NABC电话游说技巧拆解。 3. 如何设计有效电话销售话术。 4. NABC技巧的实践应用与案例分析
10	职业规划	2	1. What is 职业规划？ 2. 从何下手。 3. 扶正心态找出路
11	户型图制作技巧（亿图）	4	1. 如何设计精美的户型图。 2. 玩转亿图的使用小技巧。 3. 设计实操与优秀作品分析
12	逢面必过——这就是面试	2	1. 何谓面试。 2. 见招拆招。 3. 可免则免
13	图片摄影技巧	4	1. 爆款房源拍照大全。 2. 不同场景"拍拍拍"。 3. 玩转修图APP
14	团队建设	2	
15	企业参观	4	
	合计	46	

（5）将企业信息化资源引入课堂。为适应"互联网+职业教育"发展需求，运用现代化信息技术改变教学方式方法，以"雏鹰计划"为例：

①引入互联网游戏化概念的激励管理模式（如图2），通过游戏化平台，不仅可以完成工作，还能用积攒的功绩换取商品，增加趣味。

图2　游戏化激励管理平台

图3　合富在线学院线上课程

②引入合富在线学院线上课程，促进碎片化学习，提升工作技能，获取经验分享（如图3）。

③PC端和移动端工作量化指标实时展示（如图4）。在PC端，通过数据图表统计及分析，直属主管可直观、及时了解学生工作情况并进行优化调整；在移

动端，主管及员工本人均可随时随地通过"合富王者"平台查看个人工作数据。

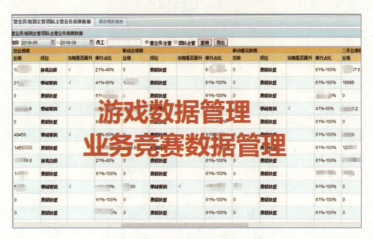

图4　工作量化指标展示

④ 基于移动端工作台，学生实时了解工作完成情况和排名（如图5、图6）。

图5　合富人APP移动端工作台（1）

图6　合富人APP移动端工作台（2）

3. 指导队伍共组、师资共育——班级管理和教学队伍共同组建，共同培育专业教学师资力量

建立企业委派班主任制度，从冠名班组织之日起介入学生管理的日常工作，校内学习期间，以学校班主任为主、企业班主任为辅；实习阶段，身份调换。

企业课程主要由企业讲师负责教学，学校委派专业教师跟进管理，因此，不管是学校内教学，还是到企业上课，或者外出活动，全部由双方共同安排指导教师，保证衔接和沟通，保障质量和安全。

建立教师定期到企业实践制度，"双主体"合作企业成为"双师型教师培训基地"，以加强专业教师"知行合一"能力的培养，提升专业素质、实践能力和产教研能力。近年来，学校共安排6名教师到企业实践；同时，"双主体"企业均有高级管理人员成为我校专业建设指导委员会的专家，为学校专业建设和发展出谋划策，对专业发展、新专业开发等起到了很好的推动作用（见表4）。

表4 专业教师到"双主体"企业实践一览表

教师	年龄	职称	时间	企业名称	实践岗位
罗维	36	高级讲师	2013年9—12月	合富置业	培训部、人力资源部
窦方	36	讲师	2015年9—12月	中原地产	分行、培训部
石付宜	35	讲师	2015年9—12月	中地行 世联行	市场部 研究部
刘鹏	36	高级讲师	2017年9—12月	合富置业	门店
陈霞	44	讲师	2017年9—12月	合富置业 保来理财	按揭部
李海霞	46	高级讲师	2018年3—6月	合富辉煌	市场研究部

4. 教学过程共育、责任共担——规范操作流程、制定管理制度

（1）规范操作流程。通过多年实践，"双主体"积累了丰富的协同育人的操作经验，并不断地进行总结和优化（见表5）。

表5 "双主体"协同培育房地产中介人才的操作流程

时间	内容	校企地位	特点
第1学期	新生专业教育	学校主导、企业介入	共建校企平台 合作意向双议
	专业认识实习		
	专业基础课程教学		
第2学期	明确合作意向	校企共商、企业介入	共建校企平台 学生企业双选 培养方案双定
	签署合作协议		
	组建冠名班：学生、家长动员—学生就读冠名班意向调查—企业宣讲、面试—企业初步确定入选冠名班名单—学校审核冠名班学生名单，有问题者与企业沟通协商—冠名班学生确定—组建专门班级		
	制定班级管理细则		
	学生签署承诺书		
	人才培养方案确定		
	实施性教学计划调整		
	校企负责人员对接		

续 表

时间	内容	校企地位	特点
第3—5学期	企业特色课程开设	校企共育、共同主导	教学过程双导 学生评价双定
	校企共建专业核心课程		
	校企共同开发新课程		
	企业特色的学生活动组织		
第6学期	顶岗实习	校企共管、企业主导	实习岗位双选 实习管理双控
一个合作周期结束，校企共同总结、调整			

（2）固化"企业大讲堂"、能工巧匠进校园活动。"双主体"育人不仅体现在课堂内、教学中，还要充分挖掘和利用企业资源，在学校开设"企业大讲堂"、能工巧匠进校园等活动，协助学校开展知识、技能和文体竞赛，企业管理人员常来学校与学生互动交流，增强学生对企业和导师的了解。学生专业社团、艺术社团与企业的各类活动相映成趣，让学生在班级之外的集体中锻炼和成长，同时，引导学生自信发展、合作交流，培养学习之外的各种品质、特长，助力学生综合职业素质的培养和提升（见表6）。

表6 "企业大讲堂"内容

序号	时间	课程	内容	形式	面向对象
1	4月	四色性格学	1. 性格颜色自测。 2. 四色性格解析	讲授	二年级
2	5月	《激战》电影分享会	1. 电影分享。 2. 剖析细节。 3. 思考个人成长	电影赏析+讲授	一年级
3	6月	业务接待礼仪	1. 短片赏析。 2. 思考并讨论细节。 3. 业务接待礼仪讲解	短片赏析+分组讨论	二年级
4	9月	《实习生》电影分享会	1. 电影分享。 2. 剖析细节。 3. 思考个人成长	电影赏析+讲授	二年级
5	10月	职业规划	1. 认识你自己。 2. 兴趣岛。 3. 就业前三问	体验+讲授	一年级
6	11月	逢面必过——这就是面试	1. 何谓面试。 2. 见招拆招。 3. 可免则免	讲授	三年级

"雏鹰计划"学生对企业课程的评价反馈如图7所示：

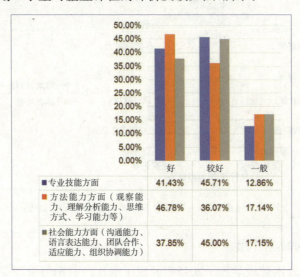

图7 "雏鹰计划"学生对企业课程的反馈

5. 学生评价共商——人才培养质量得到显著提升

"双主体"育人过程中，融合行业特点，以互联网+支撑在线教学评价，利用企业资源基于大数据进行学习分析、学习干预和学习管理，强化过程性评价，能够及时反馈学生各类信息，便于企、校、生三方及时交流，整改，提高效率。实践证明，"双主体"育人背景下的实践教学效果大大提高，学生缩短了就业初期的不适应期并且稳定性高，提高了就业质量，企业用人满意度高。以"雏鹰计划"跟踪调查为例，入职第一年的企业变更次数的比率如图8所示，综合能力对比如图9所示。

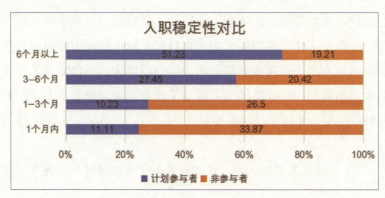

图8 "雏鹰计划"参与者与非参与者入职稳定性对比

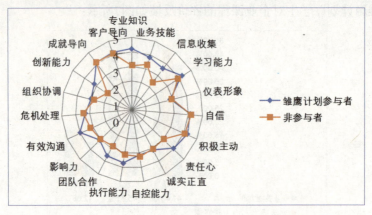

图9 "雏鹰计划"参与者与非参与者综合能力对比

6. 成果对外辐射作用

（1）辅助云南建设学校于2015年开设了房地产营销与管理专业，培训师资2名。

（2）辅助顺德职业技术学校于2018年开设了房地产营销与管理专业，培训师资5名。

三、结语

近6年的"双主体"育人实践证明，"双主体"协同培养房地产中介人才的培养模式是成功的、有效的。学生在校期间不仅学习职业技术技能，更是以一个准职业人的角色来塑造自己，顺利实现从学习者到职业人的身份转变，大大缩短从学校到企业的职业适应期。

校企协同人才培养模式为学校专业建设、课程建设、教学改革注入活力，为应用型、创新型人才培养提供了多元化教育平台。校企构建面向行业、面向前沿、面向区域发展、面向创新创业的协同创新模式，不仅完善了中职教育体系，而且在供给侧结构性改革的当下推动了教育创新，提升了人才培养质量，对职业院校应用型人才培养具有重要意义。

［此成果获2019年广东省教育教学成果奖（职业教育）二等奖］